MARCO POLO

ISTRIEN

CRES • KRK • LOŠINJ • RAB

Re
Insi
Diese Tips sin
Empfehlung
Sie sind im

Sechs Symbole sollen Ihnen die Orientierung in diesem Führer erleichtern:

★ *für Marco Polo Tips – die besten in jeder Kategorie*

für alle Objekte, bei denen Sie auch eine schöne Aussicht haben

für Plätze, wo Sie bestimmt viele Einheimische treffen

für Treffpunkte für junge Leute

(A1) *Koordinaten für die Übersichtskarte*

Die Marco Polo Route in der Karte verbindet die schönsten Punkte von Istrien zu einer Idealtour.

Diesen Führer schrieben Susanne Sachau, freie Journalistin in Hamburg mit Schwerpunkt Südosteuropa, und Vitko Kogoj, Redakteur bei der slowenischen Zeitung »Primorske novice«. Die Marco Polo Reihe wird herausgegeben von Ferdinand Ranft.

MAIRS GEOGRAPHISCHER VERLAG

Die Marco Polo Redaktion freut sich, wenn Sie ihr schreiben:
Marco Polo Redaktion, Mairs Geographischer Verlag
Postfach 31 51, D-73751 Ostfildern

Unsere Autoren haben nach bestem Wissen recherchiert. Trotzdem schleichen sich manchmal Fehler ein, für die der Verag keine Haftung übernehmen kann.

Titelbild: Blick über die Insel Rab (Mauritius/Mehlig)
Fotos: Anzenberger: Mattioli (32); Autorin (4, 8, 10, 16, 18, 21, 24, 30, 35, 36, 38, 43, 46, 56, 60, 63, 65, 75, 76, 87); Lade: BAV (54); Mauritius: Thonig (34, 67); Schapowalow: Atlantide (6, 28, 83), Kähler (22, 51), Scholz (48); Stark (Anreise, 70); Transglobe: Granitsas (12)

2., aktualisierte Auflage 1997 © Mairs Geographischer Verlag, Ostfildern
Lektorat: Nikolai Michaelis
Gestaltung: Thienhaus/Wippermann (Büro Hamburg)
Sprachführer: in Zusammenarbeit mit dem Ernst Klett Verlag für Wissen und Bildung GmbH, Redaktion PONS Wörterbücher

Printed in Germany
Gedruckt auf 100% chlorfrei gebleichtem Papier

INHALT

Entdecken Sie Istrien!

Buchtenreiche Küsten, fruchtbares Hügelland und vier große Inseln in der Adria

Sonnenscheingarantie, ein blauer Himmel, den tagelang kein Wölkchen trübt, glasklares Wasser, sauber und warm, schöne Buchten, von üppigem Grün gesäumt, und das freundliche Bild einer intakten Natur: Diese Wunschvorstellungen hat wohl jeder, der sich für einen erholsamen Badeurlaub am Mittelmeer entscheidet. Nahezu perfekt wird das Ferienziel dann, wenn alte Städte, freundliche Einheimische und eine gute Küche dazukommen.

All das hat Istrien sowie die Kvarner-Bucht und ihre vorgelagerten Inseln Cres, Lošinj, Krk und Rab über Jahrzehnte zu einem beliebten und vielbesuchten Ferienzentrum an der Ostküste der Adria gemacht. Vor allem aus Deutschland, Österreich und Italien kamen Urlauber Jahr für Jahr – bald als gute alte Bekannte – in die Hotels, Ferienwohnungen oder auf die Campingplätze in »ihrem« Jugoslawien. Und weil es immer mehr wurden, die sich nach Sonnenschein und Meer sehnten, baute man an der Küste munter drauflos: neue Unterkünfte, neue Campingplätze, aber auch Freizeiteinrichtungen wie Tennisanlagen oder Spielplätze für die Kinder sowie Bars, Diskotheken, Nightclubs, Cafés und Restaurants.

Vom sozialistischen Regierungssystem Jugoslawiens hat der Urlauber wenig gespürt, am ehesten beim Einkaufen und beim Service. Die Läden waren nie mit der Vielzahl von Angeboten bestückt, die man von zu Hause gewohnt war. Die Arbeitsplätze in den Staatsbetrieben waren begehrt, Kellner und Zimmermädchen mußten sich nicht sonderlich persönlich engagieren – etwa nach dem Motto: Der Gast kann warten, der hat ja Urlaub, *nema problema,* kein Problem. Die Touristen hatten sich darauf eingestellt, und manchmal wirkte ein Dinarschein wahre Wunder. Die Preise im Land waren insgesamt erheblich niedriger als in der Heimat.

Mit dem Sommer 1991 kam plötzlich der große Schock für alle, quasi von einer Minute auf die andere: Krieg in Jugoslawien! Panzer rollten, nachdem die

Die Ginsterblüte bringt das Blau der Adria noch mehr zur Geltung

Kroaten in Zagreb und die Slowenen in Ljubljana ihren eigenen Staat proklamiert hatten. Für die Urlauber war es eine schier unfaßbare Vorstellung, daß in ihrem Ferienland gekämpft wurde. Selbst langjährige Stammgäste reagierten mit Unverständnis und Mitleid, vor allem aber mit Angst, selbst noch zu dem Zeitpunkt, als das deutsche Auswärtige Amt die Halbinsel Istrien, die Kvarner-Bucht samt Inseln und ganz Slowenien nicht mehr als Gefahrenzone für Reisende einstufte. Die Halbinsel Istrien und die Kvarner-Region gehörten nie zu den Kriegsschauplätzen Ex-Jugoslawiens.

In den Sommermonaten der Jahre 93 und 94 kamen, zur Überraschung aller, erheblich mehr Touristen als erwartet in die Region, wenige aus Deutschland, viele aus Italien und Österreich, vor allem aber Ungarn und Tschechen. Und mit der Sommersaison 1995 boten erstmals nach 1991 auch wieder alle großen deutschen Reiseveranstalter Pauschalreisen nach Istrien und in die Kvarner-Region an. Ein Signal dafür, daß sich der Tourismus hier langsam wieder völlig normalisiert – mit Sicherheit spätestens dann, wenn eine für alle akzeptable Lösung das friedliche Zusammen- oder Ne-

Das grüne und liebliche Lošinj ist für viele die schönste Adria-Insel

beneinanderleben im gesamten Gebiet Ex-Jugoslawiens garantiert. Kroatien und Slowenien sind darauf mit neuen Ideen und Angeboten eingerichtet.

Das Flüßchen, das als Osapska reka in der Nähe des slowenischen Ortes Črni Kal entspringt und sein Wasser schon nach weniger als zehn Kilometern bei Muggia in den Golf von Triest abgibt, ist eigentlich völlig bedeutungslos, würde es nicht ein Stück der natürlichen Trennungslinie der Halbinsel Istrien von ihrem Umland bilden. Somit fängt Istrien in Muggia an, in einem kleinen italienischen Fischerort an der Adria. Das mag manchen vielleicht erstaunen, denn dieser kleine Zipfel Italien rühmt sich verständlicherweise nicht mit dem Namen Istrien. Fünf Kilometer hinter Muggia liegt schon die Grenze zu Slowenien. Aber auch die Slowenen, mit dem nördlichsten Gebiet der Halbinsel und einem gut 40 Kilometer langen Küstensaum, halten sich bedeckt, wenn es um Istrien geht, und nennen diese Region um die Stadt Koper Primorska. Wenn die Kroaten von Istrien sprechen, meinen sie ihren Teil, den von der Fläche her größten, mit einer Küstenlinie von etwa 100 Kilometern, gemessen in der Luftlinie von Umag im Nordwesten bis Rabac im Südosten. Einschließlich aller Inselchen und Buchten sind es allerdings an die 480 Kilometer Uferzone. Den nordöstlichen Bereich mit der Gemeinde Opatija rechnet man schon zur Kvarner-Bucht.

Der kroatische Teil der Halbinsel bildet einen der 21 Regierungsbezirke (Komitate) innerhalb des Staates Kroatien und heißt schlicht Istrien. Das Wort Istrien hat somit eine doppelte Bedeutung: einerseits als geographischer Begriff, zum anderen als politische Eingrenzung einer Region. Im ersten Augenblick mag das alles etwas verwirrend klingen. Wichtig zu wissen ist vielleicht, daß Istrien mit rund 3160 qkm die größte Halbinsel der Adria bildet und ihr Name sich vom illyrischen Stamm der Histrer ableitet.

Etwa zwischen den slowenischen Ortschaften Črni Kal und Hrastovlje trennt eine imposante, steil abfallende Wand aus weißem Kalkgestein das istrische Hügelland von der Karsthochfläche, die bis an die gebirgige Ćićarija heranreicht. Im Osten, etwa oberhalb von Opatija, lehnt sie sich an das Učka-Massiv, das die Halbinsel bei Plomin zur Kvarner-Bucht mit ihren vorgelagerten Inseln Cres, Lošinj, Krk und Rab abgrenzt.

Landschaftlich teilt sich Istrien in drei Gebiete auf, die von den unterschiedlichen geologischen Gegebenheiten bestimmt werden. Im Bereich des Berggürtels im Norden und Osten erhebt sich das weiße Istrien mit hellem, felsigen Kalkgestein. Obwohl hier die meisten Niederschläge fallen, herrscht ständig Mangel an Wasser, denn das versickert zum größten Teil augenblicklich im porösen Karst. Die Flußtäler werden landwirtschaftlich genutzt. Durch das dünnbesiedelte Gebiet der Hochflächen, bewachsen mit Steppengräsern, Disteln und Föhren, ziehen die Schäfer mit ihren genügsamen Tieren.

Die Mitte Istriens birgt ein fruchtbares, wasserreiches Hü-

Oprtalj: Im Binnenland blieb irgendwann die Zeit stehen

gelland, das graue Istrien. Den Namen hat es von seinen flyschhaltigen, wasserundurchlässigen Böden. In dieser Region entspringen die beiden größten Flüsse der Halbinsel, die Mirna und die Raša. Zwischen Äckern und Rebhängen dehnen sich dichtbelaubte Wälder aus, auf den Kuppen der Hügel thronen uralte Städtchen, von dicken Mauern umgeben. Aus der Ferne sehen sie wie unbezwingbare Festungen aus, die den Anschein erwecken, daß die Zeit hier seit dem Mittelalter spurlos vorübergegangen ist. Sie allein durch die rosarote Brille des Romantikers zu sehen, haben diese zum Teil halb verödeten Orte wie beispielsweise Oprtalj oder Gračišće nicht verdient. Denn wie ein roter Faden ziehen sich Bedrohung und Blut, Schweiß und Tränen bis in die heutige Zeit durch ihre Geschichte. Jede Epoche war ein ständiger Kampf ums bloße Überleben. Hier, in der Heimat des *boškarin,* des inzwischen vom Aussterben bedrohten istrischen Rindes, das sich mit seinen langen, gebogenen Hörnern Respekt verschafft, zeigt sich, daß Istrien als Reiseland auch noch viele unentdeckte Sehenswürdigkeiten anzubieten hat.

Wenn man weiter in den Süden kommt, ist der Kalkboden von roter Erde überzogen; ein Hochland, das sanft zur Küste abfällt. Es wird als das rote Istrien bezeichnet. An der stark gegliederten, buchtenreichen Küste gedeihen im milden Meeresklima Pinien und Zypressen, Edelkastanien, Ölbäume und vor allem die Weinreben. Halbinseln strecken ihre Nasen vorwitzig in das Wasser der Adria. Wo sie Siedlungen tragen, ob Koper, Piran, Umag, Novigrad, Poreč oder Rovinj, drängen sich die Häuserzeilen eng aneinander, getrennt durch schmale, winklige Gassen. Raum ist nur für wenige Plätze geblieben: wo Brunnen die Stadt mit Wasser versorgt haben oder wo Händler Lebensmittel, Kleidung und Hausrat feilbieten konnten. Der größte Platz, der Stadtplatz, bildet mit der Pfarrkirche und dem Regierungspalast noch immer den zentralen Punkt in fast jedem Ort. Das rote Istrien ist die am stärksten besiedelte und die wirtschaftlich am weitesten entwickelte Region, vor allem dank des Tourismus.

Durch die Gebirgszüge, die sich im Norden und Osten wie ein Bogen um die Halbinsel legen, und das sich anschließende Dreieck mit Pula an der Südspitze hat Istrien die Form eines Herzens, in der Luftlinie nur gut 80 Kilometer lang und an seiner breitesten Stelle keine 70 Kilometer breit. Ein kleines Herz zwischen der nahen Alpenregion und den beiden großen Natur- und Kulturräumen, die nach ihren Gebirgen benannt sind: Apennin und Balkan. Das macht die Istrische Halbinsel zur Schnittstelle zwischen Süd-, Südost- und Mitteleuropa.

Funde aus der Vorgeschichte belegen, daß die Region schon in der Steinzeit besiedelt war. Im ersten Jahrtausend v. Chr. siedelten die keltischen und illyrischen Stämme der Histrer, Karnier und Japoden in Istrien. Die Japoden lebten vor allem im Bereich der Küste und galten in den Augen der Römer als gefürchtete Piraten. Ab dem 3. Jh. v. Chr. schickte Rom seine Legionen aus, diese Störenfriede zu bekämpfen. Das Land, auf dem sie lebten, kassierten die Römer gleich mit ein in ihr riesiges Imperium. Pula wurde Hauptstadt der neuen römischen Provinz Illyrien. Nach dem Untergang des Weströmischen Reiches im 5. Jh. gehörte Istrien kurzfristig zur Herrschaft der Ostgoten, bis es Mitte des 6. Jhs. an das oströmische Byzanz fiel. Etwa ab dieser Zeit suchten Kroaten und Slowenen hier eine neue Heimat. 788 fiel Istrien an die Franken, 952 an Bayern, 976 wurde es Kärnten angegliedert und ab 1040 eigene Markschaft im Einflußbereich der Habsburger. Die Küste aber hatten sich die Venezianer bis zum 14. Jh. völlig erobert. Und weil keiner dem anderen auch nur einen Zentimeter mehr gönnte, kam es zwischen den beiden Machtbereichen ständig zu kriegerischen Auseinandersetzungen, Plünderungen und Morden. Die Region Kvarner hingegen gehörte seit

Die Marco Polo Bitte

Marco Polo war der erste Weltreisende. Er reiste in friedlicher Absicht, verband Ost und West. Er wollte die Welt entdecken, fremde Kulturen kennenlernen, nicht zerstören. Könnte er für uns Reisende des 20. Jahrhunderts nicht Vorbild sein? Aufgeschlossen und friedlich sollte unsere Haltung auf Reisen sein. Dazu gehören auch Respekt vor Mensch und Tier und die Bewahrung der Umwelt.

WWF

Pag: Selbst der steinigsten Insel trotzen die Bauern Oliven und Salbei ab

dem 12. Jh. zum Königreich Ungarn. Allein an diesem Ausschnitt der Geschichte wird deutlich, daß Istrien nicht zu Unrecht als Schnittstelle zwischen Mittel-, Ost- und Südeuropa bezeichnet wird. Istrien ist ein völkischer Schmelztiegel mit einem bunten Sammelsurium kulturhistorischer Hinterlassenschaften: Das römische Amphitheater in Pula, die byzantinische Euphrasius-Basilika in Poreč, der von den Österreichern gebaute Leuchtturm in Savudrija oder der venezianische Prätorenpalast in Koper sind nur ein paar Beispiele im weiten Spektrum. Und auch in der Mentalität der Istrier zeigt der stete Wechsel der Herrschaft Wirkung: Wer unter so vielen Fahnen gelebt und gelitten hat, der hält schon instinktiv zu jeglicher Obrigkeit kritische Distanz. Die Regierungen in Ljubljana und Zagreb haben das schon mehr als einmal deutlich zu spüren bekommen.

Mit der jungen staatlichen Souveränität Kroatiens und Sloweniens soll auch der Tourismus in beiden Ländern mit neuen Impulsen attraktiver gemacht werden. In Ansätzen ist das schon zu spüren. Die vielen neuen, privaten Läden, Lokale und Pensionen zwingen die noch nicht privatisierten Staatsbetriebe zum schnellen Umdenken. Außerdem wurden in Kroatien die Ortsgemeinden neu eingeteilt. Somit steht beispielsweise Vrsar nicht mehr im Schatten von Poreč und kann sich eigene Wege überlegen. Von der Kurtaxe, die jeder kassiert, darf der größte Teil (65 Prozent) in die Kasse der eigenen Gemeinde fließen. Im sozialistischen Jugoslawien wurde der Tourismus von Regierungsseite als Statussymbol mit einer entsprechenden Preispolitik gefördert. In den beiden jungen Staaten bestimmen jetzt marktwirtschaftliche Gesichtspunkte das Preisniveau. Damit sind Kroatien und Slowenien längst aus der Reihe der Billigreiseländer ausgeschert.

Und wie erleben die Einwohner die neue Politik in ihrem Staat? Hassan, der aus dem Kosovo stammt und in Umag einen kleinen Souvenirladen betreibt, bringt es lachend auf den Punkt: »Wir haben arbeiten gelernt. Das ist Demokratie!«

Geschichtstabelle

Um 1200 v. Chr.
Illyrer besiedeln die Küsten Istriens und Dalmatiens

Ab 500 v. Chr.
Keltische Stämme, Karnier, Japoden und Histrer, dringen ein

229–50 v. Chr.
Alle Stämme geraten unter römischen Einfluß

1.–12. Jh. n. Chr.
Blütezeit der istrischen Städte im Römischen Reich. Ab 500 wandern Slawen und Awaren nach Istrien ein. Nach der Teilung Roms fällt Istrien bis 788 an das Byzantinische Reich. Die Kvarner-Region gehört zum 925 vom Papst anerkannten Staat der Kroaten, der ab 1102 für 800 Jahre in Personalunion mit Ungarn steht

13.–17. Jh.
Venedig hat die gesamte Küstenregion Istriens bis zum 14. Jh. erobert. Das Binnenland ist ab dem 14. Jh. im Besitz der Habsburger. Ständige kämpferische Auseinandersetzungen zwischen den beiden Mächten, im 16. Jh. Einfälle der Türken

1797
Ende der venezianischen Herrschaft. Istrien fällt an Österreich

Ab 1918
Istrien, Cres und Lošinj fallen an Italien. Serben, Kroaten und Slowenen gründen das Königreich Jugoslawien, das nach der Kapitulation 1941 maßgeblich von Deutschen und Italienern aufgelöst wird

Zweiter Weltkrieg
Mussolini und Hitler unterstützen den nationalfaschistisch regierten »Unabhängigen Staat Kroatien«. Nach der Kapitulation Italiens 1943 wird Istrien von deutschen Truppen besetzt. Partisanenkämpfe sind die Folge

1945
Titos Armee marschiert ein. Gründung der »Föderativen Volksrepublik Jugoslawien« unter Führung der Kommunistischen Partei

Ab 1980
Nach Titos Tod verschärft sich die Wirtschaftskrise im ganzen Staat. Nationalismus breitet sich in den jugoslawischen Teilrepubliken immer mehr aus

1991
Im Juni 91 verkünden Kroaten und Slowenen ihre staatliche Souveränität. Nach zehn Tagen Kampfhandlungen zieht sich die jugoslawische Volksarmee aus Slowenien zurück

Ab 1991
Kroatien verliert Gebiete in Slawonien und in der Knin-Region an die Serben. Hunderttausende Flüchtlinge und Vertriebene, auch aus Bosnien, kommen in das Land

1995
Kroatien erobert Teile der verlorenen Gebiete zurück. Istrien und Kvarner sind nie von direkten Kampfhandlungen betroffen. Der Tourismus beginnt sich langsam zu normalisieren

SCA AGNES
SCA AGATHE
SCA TECLA

Geflügelte Löwen und ein nackter König

Notizen zu Kirche und Klima, Bora und Tito

FKK

Istrien und Kvarner waren im Mittelmeerraum die ersten und sind noch heute die Hochburgen der »Freikörperkultur«, des Nacktbadens und -sonnens. Eine Reihe von Campingplätzen und Ferienanlagen mit eigenen Uferzonen sind ausschließlich für FKK-Gäste reserviert. An anderen, meist etwas abgelegeneren Stränden findet man Nackte und Bekleidete in friedlicher Koexistenz. Die Insel Rab rühmt sich übrigens als FKK-Pionier, nachdem 1936 der ehemalige englische König Edward VIII. und seine Frau Wallis Simpson hier splitternackt in die Fluten gestiegen sind. An der slowenischen Küste sind zwar keine Strandabschnitte als FKK-Zonen ausgewiesen, aber außerhalb der Strandbäder wird das Nacktbaden überall geduldet und praktiziert.

Basilika in Poreč: In Kroatien hat die Kirche für die Menschen – wie immer in unruhigen Zeiten – wieder an Bedeutung gewonnen

Glagolitische Schrift

Die Missionare Kyrill und Method bekehrten die slawischen Völker nicht nur zum christlichen Glauben. Sie brachten ihnen im 9. Jh. auch die Schrift. In ihrer eckigen Urform hat sie sich am längsten bei den Kroaten erhalten, in Kirchenbüchern, auf Urkunden, Inschriften und ersten literarischen Werken in altslawischer Sprache. In abgerundeter Form entwickelte sich daraus die noch heute von Serben, Bulgaren und Russen verwendete kyrillische Schrift. Als eines der ältesten Schriftstücke in altkroatischer Sprache (11. Jh.) gilt die Baščanska ploča (Tafel von Baška) auf der Insel Krk (Kopie, Original in Zagreb). Ihre Inschrift ist den Kroaten Indiz für das Bestehen eines eigenen Staates im Mittelalter.

Italiener

In sehr vielen Orten Istriens und im Kvarner, vor allem im Bereich der Küste, ist ein Teil der Bevölkerung von der Abstammung her italienisch. Als italienische Gemeinschaft genießen die Italienstämmigen in Kroatien und Slowenien das Recht auf eine eigene Kultur, abzulesen unter anderem an italienischsprachigen Schulen und Medien. Auch Wegweiser und Straßenschilder sind in zwei Sprachen geschrieben. Im Grunde lebt man heute friedlich zusammen, aber das war – auch in jüngerer Zeit – längst nicht immer so. Nachdem Istrien und Teile der Kvarner-Region nach 1918 an Italien gefallen waren und sich die Repressalien gegenüber der slawischen Bevölkerung unter den italienischen Faschisten noch erheblich verstärkten, verließen Kroaten und Slowenen massenhaft ihre Heimat. Eine Gegenbewegung setzte in den ersten Jahren nach 1945 ein. Zu Zehntausenden strömten Italiener aus Jugoslawien ins Mutterland. In vielen Dörfern im Binnenland stehen ihre inzwischen verfallenen Häuser bis heute leer.

Jugoslawien

Es war ein Staat mit ungleichen Vorzeichen: mit zwei Alphabeten (lateinisch und kyrillisch), drei Sprachen (Serbokroatisch, Slowenisch, Makedonisch), vier Religionen (die serbisch-orthodoxe, katholische, islamische und jüdische), fünf Völkern (Serben, Kroaten, Slowenen, Makedonier, Montenegriner), mit Volksgruppen (u.a. Albaner, Ungarn, Italiener, Türken) und sechs Republiken (Serbien, Kroatien, Slowenien, Bosnien-Herzegowina, Makedonien, Montenegro). Josip Broz Tito gelang es, große Teile dieses Völkermosaiks während des Zweiten Weltkrieges mit der Parole »Brüderlichkeit und Einigkeit« auf seine Seite zu ziehen. Nach Gründung der Sozialistischen Föderativen Volksrepublik Jugoslawien verzeichnete die Wirtschaft in den fünfziger Jahren hohe Wachstumsraten, Fortschritte waren auf allen Gebieten zu spüren: im Bildungs- und Gesundheitswesen sowie in Wissenschaft und Kultur. Das Land wurde von den Kommunisten regiert, aber das Volk genoß Reise- und weitgehende Informationsfreiheit. Die Gehälter waren niedrig, aber mit einem Nebenjob konnte jeder seinen Lebensstandard verbessern. Hunderttausende zogen als Gastarbeiter in das westliche Ausland. Das Warenangebot in den heimischen Geschäften war nicht groß, doch gegen harte Währung konnte man trotzdem fast alles bekommen. Sogar die Bauern verkauften ihre Kühe am liebsten gegen »Adler« (D-Mark). Zu Hause wurde über die Partei geschimpft, aber im Ausland zeigte man Stolz auf sein Land. Die aufkeimende und bedrohlich anwachsende Wirtschaftskrise sowie das soziale Gefälle zwischen den relativ reichen Republiken im Norden und den schwachen, unterentwickelten im Süden haben nationalistisches Gedankengut, bis zum blutigen Völkerhaß, wieder zum Leben erweckt. »Ein Land wie aus dem Bilderbuch« – mit diesem Slogan warb Jugoslawien noch 1991, kurz vor seinem Zerfall.

Kirche

Sowohl in Slowenien als auch in Kroatien bekennen sich heute über 80 Prozent der Bevölkerung zum katholischen Glauben. Frömmigkeit und Kirche hatte die Volksrepublik Jugoslawien ihren Bürgern nie verboten und als private Angelegenheit jedem einzelnen selbst überlassen. Die Institution Kirche hatte sich mit ihrer Nebenrolle in dieser sozialistischen Gesellschaft abzufinden. Die jüngeren Leute, die in den Staat Jugoslawien hineingeboren wurden, zeigten wenig Interesse an Weihrauch, liturgischen Gesängen und harten Kirchenbänken. Der von Blut und Tränen begleitete Zerfall Jugoslawiens brachte die Wende. Persönliche Schicksalsschläge, Trauer und Verzweiflung haben die Menschen wieder an die Altäre zurückgeführt. Als Seelentröster, aber auch als Organisator humanitärer Hilfeleistung hat sich die Kirche wieder ihren festen Platz in der Gesellschaft bis hinauf in die hohe Politik zurückerobert. In frisch restaurierten Gotteshäusern empfängt der Priester die Schar der alten und neuen Gläubigen. Staatliche Festakte wie beispielsweise die Einweihung neuer öffentlicher Gebäude oder Straßen werden in Kroatien wie selbstverständlich vom Segen der Kirche begleitet.

Klima

Das milde Klima ist vom günstigen Einfluß des Mittelmeeres geprägt. Die Sommer sind tagsüber meist sonnig und warm, die Nächte bringen erfrischende Abkühlung. Auf Lošinj mißt man im Monat August eine Lufttemperatur von durchschnittlich 23,5 Grad, in Pula 22,8 Grad. Hin und wieder ballen sich kurzzeitig schwarze Wolken am blauen Himmel, aus denen am Nachmittag oder am frühen Abend heftige Gewitterschauer niederprasseln. Das Regenwasser erhält die Pflanzenwelt bis in den Herbst hinein grün. Milde Winter (durchschnittliche Temperatur im Januar auf Lošinj 7,6 Grad, in Pula 5,7 Grad) lassen einen Ganzjahrestourismus zu. Im Frühsommer erwärmt sich die Adria mit einer maximalen Wassertiefe von 40 Metern vor der Westküste Istriens schnell auf über 20 Grad. Die mittlere Wassertemperatur liegt im August zwischen 23 und 26 Grad, im Winter sinkt sie kaum unter 10 Grad.

Kroatien

Mit dem schönsten Küstenstreifen (1778 km) entlang der Adria, dem 1185 Inseln und Riffe vor gelagert sind, mit Bodenschätzen wie Gas und Öl, fruchtbaren Böden, Naturschönheiten und einer reichen kulturhistorischen Hinterlassenschaft erstreckt sich Kroatien vom Mittelmeer bis zur Donau auf einer Fläche von 56 538 qkm. Hrvatska heißt das Land in der kroatischen Sprache, Hauptstadt ist Zagreb (deutsch Agram, knapp 1 Mio. Ew.). Seine Einwohner (4,8 Mio.) sind mehr-

Qualität und Preis

Wenn vor einem Speiselokal viele Autos mit italienischen Kennzeichen parken, kann man gewiß sein, daß die Küche Gutes zu bieten hat. Wenn man dazu noch Autos mit slowenischen Kennzeichen entdeckt, darf man davon ausgehen, daß die Preise bestimmt nicht zu hoch sind.

Auf den geflügelten Löwen, Symbol der Venezianer, trifft man häufig

heitlich Kroaten. Im Norden ist Slowenien der angrenzende Nachbar, im Osten sind es Ungarn, die ehemaligen jugoslawischen Teilrepubliken Serbien und Bosnien-Herzegowina sowie im Süden Montenegro. Kroatien ist eine parlamentarische Demokratie, Präsident ist derzeit Franjo Tudjman. Als Teilrepublik Jugoslawiens war Kroatien mit seinem Tourismus einer der bedeutenden Devisenbringer für den inzwischen zerfallenen Staat. Nachdem Kroatien im Juni 91 die Selbständigkeit proklamiert hatte, kam es zu kriegerischen Auseinandersetzungen mit der serbisch dominierten Jugoslawischen Volksarmee. In der zwischen Dalmatien und dem kroatischen Kernland liegenden Krajina, die mehrheitlich von Serben bewohnt war, forderten nationalistisch gesinnte Aufständische einen eigenen Staat, der einem Großserbien angeschlossen werden sollte. Auf allen Seiten haben diese Kämpfe Tausende von Menschenleben gekostet. Eine halbe Million Flüchtlinge und Vertriebene mußten vom jungen Staat Kroatien mit dem Nötigsten versorgt werden, Tourismus und Wirtschaft erlebten erhebliche Einbrüche. Im August 95 eroberte Kroatien einen Teil der Gebiete zurück, etwa 150 000 Serben verließen die Krajina.

Slowenien

Mit seinen gut 20 000 qkm und rund 2 Mio. Einwohnern ist Slowenien ein in europäischem Maßstab sehr kleines Land – gerade so groß wie Rheinland-Pfalz. Rund 90 Prozent der Bevölkerung sind Slowenen, der Rest Einwanderer aus den ehemaligen jugoslawischen Teilrepubliken sowie Angehörige der italienischen und ungarischen Minderheit. Hauptstadt ist Ljubljana (deutsch Laibach) mit 300 000 Einwohnern. Auch Slowenien ist heute eine parlamentarische Demokratie, Staatspräsident ist zur Zeit Milan Kučan. Innerhalb Jugoslawiens war Slowenien die wirtschaftlich am besten entwickelte Republik. Nach seiner Unabhängigkeitserklärung im Juni 1991 gelang es dem Land relativ schnell, an alte Märkte in Westeuropa anzuknüpfen und neue zu finden.

Symbole

Jede Macht hat ihre Erkennungsmerkmale an Kirchen, Palästen, Türmen oder Stadttoren hinterlassen. Am häufigsten trifft man auf den geflügelten Löwen, Sinnbild der Venezianer, und auf den Doppeladler, Symbol des Hauses Habsburg. Das Wappentier Istriens ist die Ziege. Der rote Stern, das Emblem Jugoslawiens, ist kaum noch zu entdecken: Er ist längst mit Farbe überpinselt oder aus Steinplatten herausgemeißelt.

Titos Vermächtnis

15 Jahre nach seinem Tod bereitet Titos Vermächtnis den Landsleuten Mühe. Seine Parole »Brüderlichkeit und Einigkeit« ist zerstört, das ihm zu Ehren errichtete Mausoleum in Belgrad von Besuchern verwaist. Nahezu alle Porträts und Büsten hat man entfernt. Nur Plätze und Straßen tragen noch seinen Namen. Mit eiserner Hand hielt Tito die Völker Jugoslawiens zusammen. Wie ihm das gelang, darüber wundert man sich heute mehr denn je. Für Jugoslawien war Josip Broz Tito (1892–1980) ein legendärer Volksheld, Staatsmann und Diplomat. Hunderttausende weinten, als er starb. Als einziger führender Politiker hat Tito im Zweiten Weltkrieg persönlich gekämpft. Hitler konnte ihn nicht ausschalten, und 1948 trat der Chef der jugoslawischen KP auch Stalin entgegen und erwirkte den Bruch mit Moskau. In den Betrieben führte er die »Arbeiterselbstverwaltung« ein, doch das letzte Wort hatte immer die Partei. Gemeinsam mit den Staatspräsidenten Nasser (Ägypten) und Nehru (Indien) gründete Tito anläßlich eines Treffens auf den Brijuni-Inseln die Gemeinschaft der blockfreien Staaten, was ihm hohes Ansehen in der dritten Welt verschaffte. Jugoslawien stand an der Spitze dieser weltweiten Bewegung. Gern ließ sich der etwas rundliche Bauernsohn in prunkvoller Uniform auf einem weißen Roß fotografieren. Auf die Brijuni-Inseln lud er Hollywoods Stars ein. Er liebte das luxuriöse Leben und schöne Frauen, was man ihm nicht weiter übelnahm. Seine Gegner, vorwiegend moskautreue Kommunisten, ließ er auf die berüchtigte Insel Goli otok (Kahle Insel) bringen und foltern. Tito war ein Diktator, aber einer, der dem Volk mit Wohlwollen gegenüberstand, so eine bis heute weit verbreitete Meinung. Nach seinem Tod hinterließ er mehrere Milliarden Dollar Staatsschulden, aber niemanden, der einen Ausweg aus der Misere fand.

Winde

Das Wetter an der Adria wird vom Wind bestimmt, vom Jugo oder vom Schirokko, der feuchte Luftmassen aus dem Süden bringt. Der Maestral, der ab dem späten Vormittag bis in den frühen Abend vom Meer einströmt, ist im Sommer stets eine willkommene Erfrischung. Die Bora, der gefürchtete eisige Nordostwind, fegt den Himmel frei für sonniges Wetter. Im Sommer ist mit ihr seltener zu rechnen als im Winter.

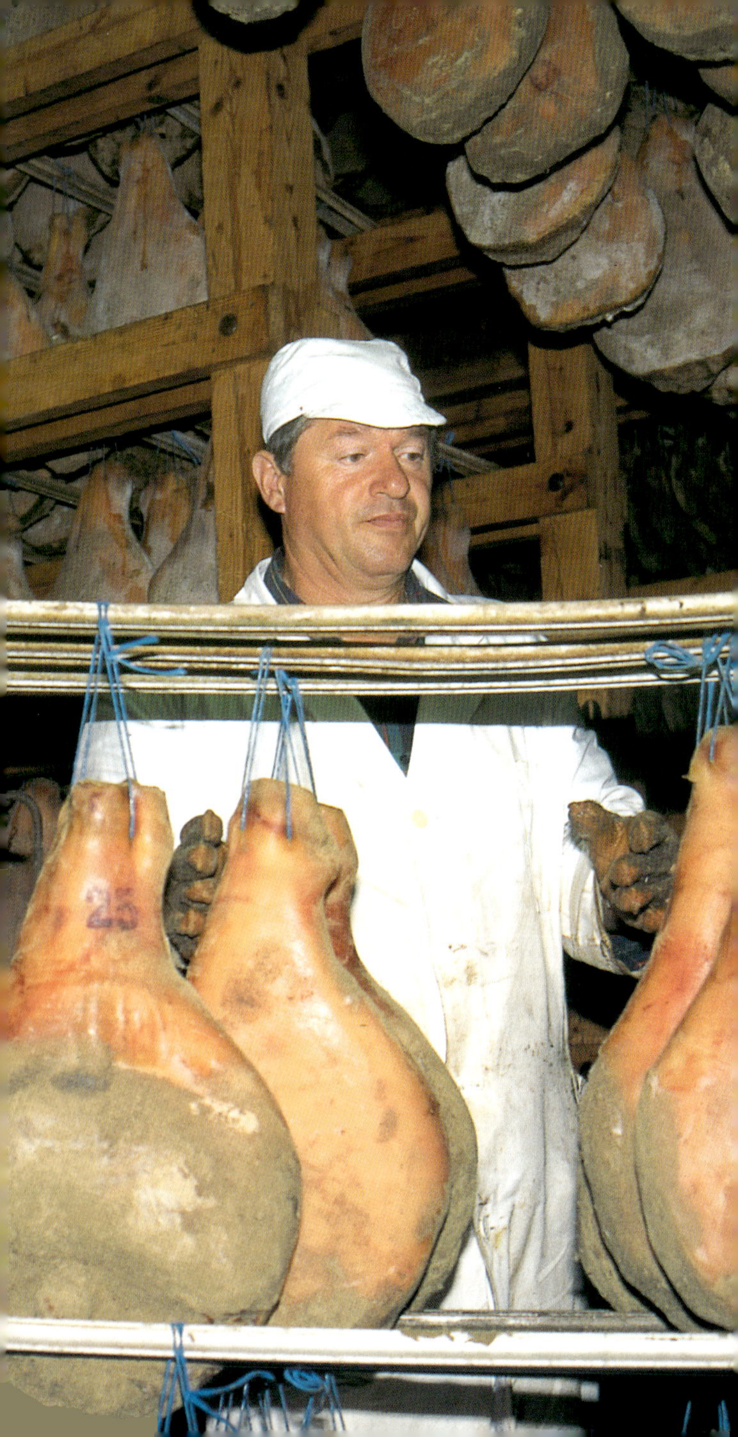

Nicht eine, sondern viele Küchen

Auch auf der Speisekarte Istriens spiegeln sich vielfältige Einflüsse wider

Vorweg ein Glas Wasser? Egal ob Restaurant, Gasthaus oder *konoba:* Sollte der aufmerksame Kellner Ihnen nicht längst einen Krug mit Wasser unaufgefordert auf den Tisch gestellt haben, bitten Sie ihn höflich darum: *Jednu čašu vode, molim* (»Ein Glas Wasser, bitte«). Frisches Wasser aus der Leitung ist immer ein kostenloser Service des Hauses in einer Region, über der im Sommer die Hitze oft wochenlang lastet. Mineralwasser *(mineralna voda)* aus Flaschen ist dagegen zu bezahlen.

Privatisierung und freie Marktwirtschaft, der sich die beiden jungen Staaten verschrieben haben, eröffnen auch dem Gaststättengewerbe wieder neue Perspektiven. Ob noch Staatsbetrieb oder Privatlokal: Wer einsieht, daß nicht der Koch oder der Kellner, sondern der Gast König ist, der hat die Nase vorn im schon aufgekeimten Konkurrenzkampf. In den Hotels bietet man dem Pauschaltouristen das Frühstück meistens vom Buffet, vielfach auch Salate, Suppen sowie kalte und warme Vorspeisen zu den Hauptmahlzeiten. Aus drei bis fünf Hauptgerichten wählt der Urlauber häufig am Abend zuvor für den nächsten Tag. Von der Quantität in der Auswahl darf man jedoch nicht in jedem Fall Rückschlüsse auf die Qualität der Speisen ziehen. Favoriten in der Hotelküche sind nicht selten Pommes frites, etwas Gemüse und dazu ein Stück Grillfleisch, eine Hühnerkeule, ein dünnes Beefsteak oder ein kleines Schnitzel vom Schwein. Das ergibt dann im Speiseplan schon drei unterschiedliche Gerichte, aber keines davon wäre typisch für die Küche Istriens oder der Kvarner-Region.

Die Mannigfaltigkeit der Landschaft und der Kulturgeschichte auf dem begrenzten Raum dieser Halbinsel spiegeln sich nämlich deutlich in der oder, genaugenommen, in den Küchen wider. Denn es sind, für jeden auf Anhieb erkennbar, grob unterteilt mindestens zwei: die Küstenküche und die Landküche. Was der Fischer in seinem Netz nach Hause trägt, wird von der Hausfrau für das tägliche Familienmahl zubereitet, immer mit Olivenöl, oft mit einer Kräuter-

Luftgetrockneter Karstschinken, z. B. im slowenischen Lokev, reift ein Jahr

mixtur aus Lorbeer, Knoblauch und Petersilie, manchmal auch mit selbstgekeltertem Wein, am besten aber mit allem zusammen. Die kleinen Sardellen, in einer Wein-Zwiebel-Soße mariniert, sind eine Köstlichkeit. Als besonders edel gelten die weißen Fische: Zahnbrasse *(zubatac),* Goldbrasse *(orada)* und der Seebarsch *(brancin).* Der Petersfisch hat kaum Gräten. Muscheln und Scampi auf einem Risotto sind auch in der Fischerfamilie ein Festschmaus, denn oft verkauft der Herr des Hauses den Fang lieber für gutes Geld an das nächste Restaurant.

In den Gaststätten und Restaurants an der Küste findet man auf den Speisekarten vor allem Meeresspezialitäten. Diese sind allerdings erheblich teurer als Fleischgerichte, obgleich die Adria hier noch sauber und sehr fischreich ist. Schuld sind die Italiener, sagen die Einheimischen: Die würden gute Qualität zu schätzen wissen und sie auch dementsprechend honorieren.

Das insgesamt beträchtlich gestiegene Preisniveau schließt natürlich auch die Gastronomie ein. Die Zeiten, in denen Kroatien und Slowenien als Billigreiseländer gehandelt wurden, sind längst vorbei. Für ein Menü aus Vorspeise, Hauptgericht, Nachspeise und einem Getränk zahlt man an der Küste heute pro Person durchschnittlich mehr als 30 Mark.

Die Speiselokale tragen viele verschiedene Namen. *Restorani* (Restaurants) versuchen mit ihrem Angebot aus Fischplatten, Grilltellern und Wiener Schnitzel ein möglichst breites Spektrum des Geschmacks internationaler Touristen zu treffen, so daß sich die Speisekarten zwischen Koper und Veli Lošinj oftmals haargenau gleichen. Origineller sind die rustikal eingerichteten Gasthäuser, *gostionas* (slowenisch *gostilne*), *gostionicas* oder *konobas.* Wo der Wirt und seine Frau noch selbst zum Kochlöffel greifen, wird zu hausgemachtem Wein und selbstgebackenem Brot Hausmannskost serviert. An der Küste sind das beispielsweise die kleinen Sardellen und *baccalàs* (Stockfisch vom Kabeljau), einfache und preiswerte Gerichte.

Mit Risotti, Pizzen und Pasta steht die mediterrane Küche auch deutlich unter dem Einfluß Italiens. Wer die heißen, bunt belegten Hefefladen zur Lieblingsspeise erkoren hat, ist auch in Istrien in besten Händen. Die Pizzabäcker wetteifern an allen Ecken um die Gunst der Gäste. Aus den Speisekarten fast vollständig gestrichen sind dagegen die *čevapčići*

Die feinen Unterschiede

Riba, ribe oder *riblji specijalitete* – (ein) Fisch, Fische, Fischspezialitäten: Sprachliche Ungenauigkeit kann, wenn der Kellner den Gast übers Ohr hauen will, teuer werden. Der Urlauber wollte eigentlich nur einen Fisch oder ein Stück Fisch essen, der dienstbare Geist schleppt aber eine ganze Platte mit mehreren Fischen an. Beste Absicherung gegen solche Tricks: sich den Fisch zeigen lassen, bevor er in die Pfanne wandert.

Ein beliebtes Mitbringsel sind in Traubenschnaps eingelegte Früchte

(gegrillte Hackfleischröllchen) und die *ražnjići* (gegrillte Fleischspieße), einst das Signum der jugoslawischen Gastronomie. Beide Gerichte aus der orientalischen Küche sind eine Hinterlassenschaft der Türken an die Serben, und von denen grenzt man sich in Kroatien und Slowenien selbst auf kulinarischem Gebiet zur Zeit so weit wie möglich ab.

Die istrische Landküche abseits der Küste kennt deftige Gerichte: *maneštra* (Gemüseeintopf), *ombolo* (eine Art Kaßler), Würste und Sauerkraut sowie Gulasch in allen Variationen – vom Rind, Wild oder Geflügel –, zu denen man *fuži* (Nudeln) oder *njoki* (Kartoffelklößchen) als Beilage serviert. Als Nachtisch kommen Apfelstrudel und *kroštule* (feines Gebäck) auf den Tisch: Hier hat die alte Herrschaft Österreichs deutliche Spuren hinterlassen.

In den dünn besiedelten Ortschaften des Binnenlandes sind Restaurants nur selten zu finden, dafür aber *gostionicas* und *konobas,* die sich damit rühmen, nur heimische Kost anzubieten: als Vorspeise, zu einem Glas rotem Teran, Schafskäse und *pršut,* den luftgetrockneten Schinken, der über das Jahr in der salzhaltigen Luft reift. Wilder Spargel ist eine Delikatesse des Frühsommers. Die Leute pflücken die zarten, dünnen, grünen Stangen in der freien Natur. Im Herbst sind die weißen istrischen Trüffeln *(tartufi)* für Gourmets eine unübertroffene Kostbarkeit.

Ganz Istrien ist ein Weinland. Somit spielt der Rebensaft auch im Binnenland eine große Rolle, als Getränk, aber auch als Zutat zur Speise. Die *istarska supa* (istrische Suppe) ist eine seltsam anmutende Mischung davon: Leicht erwärmtem Rotwein, einem Teran, werden Olivenöl, Zucker, Pfeffer und getoastetes Brot beigegeben. Stilgerecht löffelt man die Suppe dann aus der *bukaleta,* dem Tonkrug, der in der Runde weitergereicht wird. Der rote Teran und der weiße Malvazija sind typisch für Istrien. Aber es werden auch Merlot und Cabernet, Pinot, Muškat, Chardonnay und Sauvignon angebaut. Heimischer Pflaumenschnaps *(šljivovica)* und Traubenschnaps *(lozovača)* und ein Espresso oder Cappuccino beenden das Mahl.

Kuppelhäuschen und Keramikkrüge

Kažuni und bukaleta sind dem bäuerlichen Alltag Istriens entlehnt

Von der Stecknadel bis zum neuesten Computermodell, vom T-Shirt bis zum edlen Pelz, vom einfachen Brötchen bis zu Champagner und Kaviar: Vor allem in den vielen funkelnagelneuen privaten Läden und Boutiquen, die zur Zeit wie Pilze aus dem Boden schießen, wird praktisch alles angeboten, was das Urlauberherz begehren könnte. Aus Italien, dem Land der Mode, das ja quasi um die Ecke liegt, beziehen die frischgebackenen Geschäftsleute ihre textile Ware. Da der Staat aber bei jedem Stück, das über den Ladentisch geht, kräftig mitverdienen will, sind die Preise, vor allem in Kroatien, nicht gerade ein Impuls für Schnäppchenjäger. Neu im exsozialistischen Land ist, daß man sich heute in den Privatgeschäften um den Kunden bemüht. Die Konkurrenz von nebenan schlummert ebensowenig wie auf den bunten Märkten, zu denen die Bauern tragen, was gerade auf ihren Böden reift. Preisvergleiche, auch für Schafskäse, Olivenöl oder Wein, lohnen sich in jedem Fall. Mancher Händler läßt sogar mit sich handeln, obgleich das Feilschen nicht, wie in den orientalischen Ländern, obligatorisch zum Geschäft zwischen Käufer und Verkäufer gehört.

Neue Souvenirs braucht das Land – Typisches von Istrien, darüber sind sich alle einig. Und so findet der Urlauber zwischen Häkeldeckchen und dem üblichen Kitsch und Tand, teils aus südostasiatischer Massenproduktion, jetzt kleine Modelle der alten *kažuni,* der aus flachen Steinen trocken aufgeschichteten Kuppelhäuschen, in denen die Bauern im Landesinneren noch immer Gerätschaften und Erntevorräte auf dem Feld lagern. Ebenfalls typisch, aber nicht neu im Angebot ist die handbemalte *bukaleta,* ein Keramikgefäß, aus dem man den istrischen Wein stilgerecht trinkt. Ein originelles Souvenir, das sich auch bei den Einheimischen großer Beliebtheit erfreut, bekommt man in den Juwelierläden von Rijeka: den kleinen *morčić.* Das bunte Mohrenköpfchen, Symbol der Stadt, ziert goldene Schmuckstückchen vom Ohrring bis zum Manschettenknopf.

Souvenirs gibt's auch zu Wasser

Alte Instrumente und junger Wein

Die Tradition der Volksmusik, der Tänze und Trachten ist höchst lebendig

Keiner der Ferienorte verzichtet im Sommer auf die Unterhaltung seiner Gäste. Das geschieht mit einem bunten Programm aus klassischer Musik, volkstümlichen Klängen und Shows sowie nationalen und internationalen Hits aus der Schlagerbranche. Auch all die Fischerfeste und sonstigen Spektakel in den Küstenorten werden vor allem zum Amüsement der Urlauber organisiert. Dazu feiert dann noch jedes Städtchen das Patronatsfest seines Schutzheiligen. Istriens Volksfeste, auf denen die Einheimischen noch in der Mehrzahl sind, liegen entweder außerhalb der Saison oder abseits der Ferienzentren im Binnenland. Musikalisch werden sie von den alten Instrumenten, der *sopila* (Flöte) oder der *mišnjice,* die dem schottischen Dudelsack ähnelt, begleitet. Wo sich die Volksweisen in ihrer natürlichen Umgebung entfalten und nicht im Showeffekt versickern, spürt auch der Fremde am ehesten den »Klang Istriens«. In Njivice auf Krk sagt man heute noch, die *sopila* begleite den Menschen von der Geburt bis zu seinem Tod. Die Slawen sollen sie vor vielen Jahrhunderten auf ihrer weiten Wanderung in die neue Heimat im Westen mitgebracht haben.

Tänze und Trachten gehören bei den meisten Festen dazu

Einzigartig im gesamten Mittelmeerraum: An der slowenischen Küste von Istrien sind laut und deutlich alpenländische Klänge vernehmbar, von Spöttern im eigenen Land als »Kuhmusik aus der heilen Bergwelt« abgetan. Volkstümliche Lieder und Tänze aus der Provinz der Oberkrainer sind weit über die Grenzen des Landes hinaus die populärsten »Exportschlager« und damit ein Markenzeichen ganz Sloweniens. Nicht zu übersehen ist: Immer wenn die Tanzkapelle zu einer zünftigen Polka aufspielt, kommt die größte Stimmung auf, und kräftig wird das Tanzbein geschwungen – auch unter dem mediterranen Sternenhimmel an der Adria.

OFFIZIELLE FEIERTAGE

1. Januar *Neujahr*
2. Januar *Neujahr* (nur SLO)
6. Januar *Hl. Drei Könige* (nur HR)

MARCO POLO TIPS FÜR FESTE

1 Karneval in Opatija
Eine Mischung aus alemannischer Fastnacht und Karneval in Venedig (Seite 26)

2 Labiner Konti
Am beliebtesten ist der hier beheimatete Tanz *balun* (Seite 26)

3 Sommerfestspiele auf Krk
Die stilvollste Kulisse bietet die Klosterinsel Košljun (Seite 27)

4 Piraner Musikabende
Der Geburtsort von Giuseppe Tartini pflegt das Erbe seines Sohnes beispielhaft (Seite 27)

8. Februar *Prešeren-Tag* (Kulturfeiertag, nur SLO)
Ostersonntag/Ostermontag
27. April *Tag des Widerstands* (nur SLO)
1. Mai *Tag der Arbeit*
2. Mai *Tag der Arbeit* (nur SLO)
30. Mai *Nationalfeiertag* (nur HR)
22. Juni *Tag des antifaschistischen Widerstandskampfes* (nur HR)
25. Juni *Nationalfeiertag* (nur SLO)
15. August *Mariä Himmelfahrt*
31. Oktober *Reformationstag* (nur SLO)
1. November *Allerheiligen*
25. Dezember *Weihnachten*
26. Dezember *Weihnachten* (nur HR)
26. Dezember *Tag der Unabhängigkeit* (nur SLO)

VOLKS- UND KIRCHENFESTE

Februar
★ ❂ *Karneval* in Opatija mit den traditionellen Volksmasken aus Schaffell und Hammelhörnern.

Mai
❂ *Treffen der Triestine-Spieler* in Roč: Der Ort widmet sich schon seit langem aktiv der Pflege der Volksmusik auf der diatonischen Harmonika.

Juni
❂ *Stadtfest* in der kleinsten Stadt der Welt, in Hum, mit der traditionellen Wahl des Stadtoberhauptes.

Juli
★ ❂ *Labiner Konti:* Volksmusik und Tänze aus Labin und Umgebung. Am charakteristischsten und stellvertretend für ganz Istrien ist der *balun.*

August
❂ *Ringreitwettbewerb* in Barban: Bei diesem alten Ritterspiel versucht der Reiter vom galoppierenden Pferd aus einen kleinen Ring mit der Lanze aufzuspießen.

❂ *Patronatsfest* in Gračišće – mit einem traditionellen Eselrennen.

Fischerfest *ribarski dani* in Baška auf Krk: Morgens ziehen Mädchen in Tracht die Netze vom Meer auf das Land.

September
❂ *Mala Gospa* in Njivice/Krk: Volkstänze in Tracht zur Musik auf alten Instrumenten. Zu diesem originellen Volksfest kommen Verwandte und Freunde aus der ganzen Umgebung.

Traubenfest in Buje und Umag – mit einem traditionellen Umzug aller Winzer aus Buje und Umgebung.

Oktober

Marunada in Lovran: Alles dreht sich um die frischen, reifen Eßkastanien.

Bijela nedelja in Kastav: Tanz und Gesang zum frischen Wein.

November–Mai

Osmice in den Dörfern der slowenischen Primorska: Jeweils acht Tage lang öffnen die Winzer im Wechsel ihre Keller und servieren den Gästen preiswert zu Karstschinken, selbstgebackenem Brot und anderen deftigen Spezialitäten ihren im Herbst gelesenen jungen Wein, weißen Malvazija und roten Refošk.

FESTIVALS

Krk

★ *Internationale Sommerfestspiele:* Konzerte, Opern, Dramen im Kastell und in den Kirchen der Stadt Krk sowie in Punat und – sicherlich die spektakulärste Kulisse – auf der Klosterinsel Košljun (Juli/Aug.).

Osor/Cres

Musikabende: klassische Konzerte im Dom (Mai–Sept.).

Piran

★ *Piraner Musikabende:* Kammerkonzerte im Kreuzgang des Klosters (Juli/Aug.).

Poreč

Goldene Sopela: internationales Folklorefestival (Aug.).

Pula

Filmfestival: Kroatiens Filmemacher zeigen ihre jüngsten Werke in der Arena (Juli).

Opernfestival: Nationale Interpreten präsentieren sich in der antiken Kulisse des Amphitheaters (Juli).

Vrsar

Montraker: Ein Open-air-Bildhauer-Workshop im Steinbruch auf dem Gelände des Campingplatzes Turist (Aug.).

Staatsfeiertag für die Kultur und den Dichter

Der Romantiker France Prešeren (1800–1849) gilt als bedeutendster slowenischer Dichter. Den Tag seines Todes, den 8. Februar, feiert man jedes Jahr als »Kulturtag«. Damit ist Slowenien das einzige Land in Europa, das der Kultur einen staatlichen Feiertag gewidmet hat. Der Grund dafür: Für die Slowenen war ihre Kultur in der Geschichte Trägerin des nationalen Bewußtseins und hatte somit auch eine politische Funktion, nachdem der erste slowenische Staat, Karantanien, im 8. Jh. die Oberherrschaft der Franken anerkennen mußte. Seit 1991 leben die Slowenen nach zwölf Jahrhunderten Fremdherrschaft wieder in einem eigenen Staat. Prešeren dichtete sowohl in slowenischer als auch in deutscher Sprache. Die siebte Strophe seiner »Zdravljica« (»Trinklied«) ist heute Sloweniens Nationalhymne.

Die Slowenische Riviera

Fischerstädtchen mit italienischem Flair, Grotten und Gestüte im Hinterland

Ganz Slowenien ist gerade halb so groß wie die Schweiz oder Dänemark. Aber kein anderer europäischer Staat birgt eine derartige Vielfalt unterschiedlicher Landschaften: ein Stück pannonisches Tiefland gen Ungarn im Osten, das liebliche Hügelland zwischen der österreichischen Steiermark und Kroatien, die Karnischen und die Julischen Alpen im Dreiländereck Italien/Österreich/Slowenien sowie der Karst und die Adriaküste an der Grenze zu Italien.

Gut 40 Kilometer mißt der slowenische Küstensaum, der nördlichste Teil der Halbinsel Istrien. Die Stadt Koper trägt Istrien in ihrem italienischen Namen Capodistria (»Kopf Istriens«). Die Provinz um Koper heißt Primorska, ihre Ferienregion nennt sich Slowenische Riviera. Schon zu Zeiten Jugoslawiens hat man als Unterscheidungsmerkmal den

Piran: italienisch-slowenisches Ambiente auf einer Landzunge

Hotel- und Restaurantpreise

Hotels

Kategorie 1: über 130 Mark
Kategorie 2: 80 bis 130 Mark
Kategorie 3: bis 80 Mark

Die Preise gelten für zwei Personen im Doppelzimmer mit Frühstück pro Nacht im Juli und August. In der Vor- und Nachsaison gibt es zum Teil erhebliche Preisreduzierungen.

Restaurants

Kategorie 1: über 45 Mark
Kategorie 2: 30 bis 45 Mark
Kategorie 3: bis 30 Mark

Die Preise beziehen sich auf ein für das jeweilige Lokal typisches Menü – bestehend aus Vorspeise, Hauptgericht und Nachtisch – einschließlich Bier oder Wein.

Wichtige Abkürzungen

HR	Kroatien	**Ul., ul.**	Ulica (Straße)
SLO	Slowenien	**Sv.**	Sveti/Sveta (Heilige/r)

Ein bizarrer Freskenreigen füllt die kleine Kirche von Hrastovlje

Kroaten den Marketingbegriff »Istrien« bereitwillig überlassen.

Als internationaler See- und Handelshafen gewinnt Koper für den Raum der ehemaligen Donaumonarchie Österreich-Ungarn immer mehr an Bedeutung. Mit gebührendem Abstand strecken Hafen- und Industrieanlagen ihre Fühler in Richtung Ankaran aus. Nach Süden reihen sich der Fischerort Izola, das Kleinod Piran und die Ferien- und Freizeitmetropole Portorož an der Küste. Die Salinen von Strunjan und Sečovlje liefern Meersalz für den roten, luftgetrockneten Karstschinken sowie Heilschlamm (Fango), der in den Kurprogrammen der Therapiezentren von Portorož und Strunjan Anwendung findet. Im fruchtbaren, hügeligen Hinterland gedeihen Rebstöcke. Junge Olivenbäume wurden nach langer Pause wieder neu gepflanzt. Eine extreme Frostperiode hatte den Bestand in den zwanziger Jahren fast völlig vernichtet.

Der Reichtum dieser Region gründet sich seit eh und je vor allem auf das Salz, das Öl und den Wein. Für das mächtige Venedig, das hier überall seine kulturellen Spuren hinterlassen hat, war dieses Gebiet mehr als 500 Jahre, bis 1797, eine wichtige Provinz. Heute haben sich in den alten Dörfern des Hinterlandes, die vor ein paar Jahren noch vom Verfall bedroht waren, junge Familien in altem, frisch renoviertem Gemäuer oder in piekfeinen neuen Häuschen niedergelassen. Eine ruhige Bleibe abseits der betriebsamen Küste zu suchen liegt bei den Slowenen augenblicklich groß im Trend.

KOPER

(**B 1**) Die Strecke vom italienischen Triest nach Koper (20 km) ist groß beschildert, aber meist nur mit dem italienischen Namen Capodistria und ohne Hinweis, daß sich die Stadt in Slowenien befindet. Die Slowenen beschreiben auf ihren Wegweisern Triest als Trst, und auf den kroatischen Straßenschildern in Südistrien steht Kopar für Koper: kleine, etwas verwirrende Noten in dem ruhigen Dreiländereck.

Hinter einer Schnellstraße, hinter Industrieanlagen, Bahngleisen und Neubausiedlungen versteckt sich die venezianisch geprägte, malerische ✪ *Altstadt* von Koper (ca. 25 000 Ew.) auf einer Halbinsel. Hier werden Sie gleich mit dem größten Problem an der relativ wohlhabenden Slowenischen Riviera Bekanntschaft machen: mit der Parkplatzmisere. Sehenswert sind auf dem Stadtplatz der *Prätorenpalast* mit seinen eindrucksvollen Zinnen, gegenüber die prächtige *Loggia* (heute ein beliebtes Café), ihr zur Seite die reich geschmückte *Kathedrale* mit wertvollen Gemälden des Venezianers Vittore Carpaccio aus dem 16. Jh. und dem ✪ *Glockenturm.* Unweit davon präsentiert das *Regionalmuseum (Mo–Fr 9–13 Uhr, in der Saison auch 18–20 Uhr, Sa 9 bis 12 Uhr, 150 Tolar, Palazzo Belgramoni-Tacco, Kidričeva ul. 19)* eine Gemäldesammlung alter Meister sowie eine historische Darstellung des Küstenlandes und ein Lapidarium im Freien. In gut sortierten Läden, im Kaufhaus und auf dem Markt bekommt man alles für den täglichen Bedarf. Zum großen Einkaufsbummel aber fahren selbst die Einheimischen über die italienische Grenze in die nahe gelegene Hafenstadt *Triest,* deren Bild deutlich vom Einfluß österreichischer Herrschaft (1382–1919) bestimmt ist. Die Geschäftsstadt Koper ist kein Ferienort, aber einen Ausflug wert. Die häufig verkehrenden Linienbusse aus den Urlauberzentren bieten eine gute Alternative zum eigenen Auto.

ZIELE IN DER UMGEBUNG

Hrastovlje **(C 1)**
An der markanten, steilwandigen Schnittstelle zwischen Istrien und dem Karstplateau steht das

MARCO POLO TIPS FÜR DEN SLOWENISCHEN TEIL

1 Piran
Das Ensemble farbenfroher Häuserfassaden rund um den Tartini-Platz entzückt alle Fotografen (Seite 33)

2 Škocjanske jame
Eine bizarre Wunderwelt lockt in den Grotten unter der Erde (Seite 32)

3 Kirche in Hrastovlje
Im Freskenreigen tanzen Reich und Arm mit dem Tod durchs Leben (Seite 32)

4 Lipica
Die Kinderstube der weltberühmten Lipizzanerpferde (Seite 32)

5 Salinen
In den Salzgärten wächst das weiße Gold so wie schon seit Jahrhunderten (Seite 36)

6 Hotel Giuseppe Tartini
Altes Gemäuer mit jungem Innenleben – eine beispielhafte Leistung slowenischer Designer (Seite 34)

romanische ★ *Kirchlein der Hl. Dreifaltigkeit* (12. Jh.), von dicken, grauen Wehrmauern umgeben, wie ein drohender Wächter auf einem Hügel über dem Dorf. Bis in den letzten Winkel gestaltete der istrische Meister Janez iz Kastva (Johannes aus Kastav) den Innenraum des Gotteshauses im 15. Jh. mit einer farbenprächtigen Freskenkomposition aus biblischen Motiven. Im kunsthistorisch bedeutendsten Teil, dem »Totentanz«, führt der Knochenmann einen jeden, ob Papst, Kaiser, Bischof oder Bettelmann, auf seinem Weg durchs Leben an der Hand. Erklärungen dazu in mehreren Sprachen vom Tonband. *Besichtigung auf Anfrage im Ort, Haus Nr. 30, Tel. 066/593 09*

Lipica **(B–C 1)**

★ Pflichtprogramm für die Freunde des Pferdesports: das 1580 vom österreichischen Erzherzog Karl gegründete *Stammgestüt,* die Wiege der weltberühmten Lipizzanerzucht, Stolz der Spanischen Hofreitschule in Wien. Wer sich nicht selbst in den Sattel schwingen oder den täglichen Dressurvorführungen als Zuschauer beiwohnen will, kann sich anderweitig spielend die Zeit vertreiben: auf dem neuen Golfplatz (9-Loch-Kurs) oder bei rollenden Roulettekugeln und klimpernden Spielautomaten im Kasino. Übernachtungsmöglichkeiten direkt am Gestüt bieten der *Club Lipica (163 Betten)* und das dazugehörige Hotel *Maestoso (134 Betten), Lipica 5, Tel. 067/310 09, Fax 728 18, Kategorie 1. Auskunft: Kobilarna Lipica, Lipica 5, 6210 Sežana, Tel. 067/315 80, Fax 728 18*

Wieder was dazugelernt: Slowenien ist die Heimat der Lipizzaner

Lokev **(C 1)**

Auf dem Weg von Lipica nach Divača (8 km) liegt auf halber Strecke das in Feinschmeckerkreisen als Tip gehandelte Dorf Lokev. In der *pršutarna* reifen luftgetrocknete Karstschinken von hervorragender Qualität. *Kraljeve Mesnine (Königliche Fleischwaren), Direktverkauf (pro Kilo ca. 17,50 Mark) Mo–Fr 7–13 Uhr*

Škocjanske jame **(C 1)**

★ Eine Unterwelt voller glitzernder Tropfsteine, ein versteinertes Paradies phantastischer Entdeckungen ist dieses einzigartige Schmuckstück der Natur, durch das die schäumenden Wasser des Reka in einer 100 m tiefen Schlucht tosen. Das faszinierende Grottensystem von Škocjan ist bei der Unesco als Naturwunder verzeichnet. Der Eingang zur Grotte befindet sich auf dem Karstplateau, im Dorf Matavun, 1,5 km von der Hauptstraße zwischen Kozina und Divača. Für

Pršut ist eine Delikatesse

Die Herstellung des luftgetrockneten *pršut* dauert über ein Jahr. Man verwendet dazu die Schinken von Jungschweinen, die nicht mehr als 125 kg wiegen sollten. Für vier Wochen lagert das Fleisch in einer Meersalzlake, gewürzt mit verschiedenen Kräutern sowie Knoblauch und Pfeffer. Den Rest der Zeit reifen die Schinken in von Wind durchlüfteten Räumen. *Pršut,* in hauchdünne Scheiben geschnitten, ist eine beliebte Vorspeise.

den Besuch sollte man unbedingt festes Schuhzeug anziehen, der Weg durch die Grotte, circa eine Stunde, ist feucht und an abschüssigen Stellen und Treppen teilweise rutschig. *Juni–Sept. sechs Führungen, Okt.–Mai zwei bis drei Führungen tgl., 1500 Tolar*

PIRAN

(A 1) ★ Das auf einer Landzunge gelegene Städtchen (4800 Ew.), wohl das schönste an der slowenischen Adriaküste, bietet die für diese zweisprachige Region typische Mischung aus italienischem und slowenischem Ambiente.

BESICHTIGUNG

Altstadt
Der Aufstieg durch die Gassen zur *Kirche des hl. Georg* lohnt sich: Man hat einen prachtvollen Ausblick auf den Golf. Unten am Tartini-Platz das *Standbild* des »Teufelsgeigers« Giuseppe Tartini, 1692 in Piran geboren, das malerische *Hafenbecken,* der klassizistische *Gemeindepalast* und ein kleiner, venezianischer *Palazzo* mit rotem Farbanstrich und der Inschrift: »Lassa pur dir – Laß sie nur reden«. Im 15. Jh. hat ein Kaufmann ihn für seine Geliebte bauen lassen.

MUSEEN

Seefahrtsmuseum
Am kleinen Hafenbecken erinnern Schiffsmodelle und Ölgemälde von prächtigen Segelschiffen sowie Exponate aus der Seefahrt und Fischerei an die maritime Historie der Stadt. *Di–So 9–12 und 15–18 Uhr, 300 Tolar, Cankarjevo nabrežje 3*

Tartini-Museum
Im Geburtshaus des Geigers und Komponisten Giuseppe Tartini (1692–1770) eine Sammlung seiner Noten, Handschriften und die kostbare Amati-Violine. *Geöffnet auf Anfrage, Tartinijev trg*

RESTAURANTS

An der Punta, der Spitze der Halbinsel, reihen sich mehrere gute Fischrestaurants, Cafés und Kneipen mit schönem Blick auf das Meer bunt aneinander. Die Lokale in den engen Gassen sind meistens etwas preiswerter, und man trifft eher auf einheimische Gäste.

Verdi
Das kleine, gepflegte Restaurant mit 30 Plätzen hat vor allem Fischgerichte auf seine Speisekarte geschrieben. Der Besitzer

empfiehlt besonders Spaghetti mit Meeresfrüchten (ab zwei Personen). *Verdijeva 18, Tel. 066/751 94, Kategorie 2*

HOTELS

Fiesa

Restauriertes Haus 1 km vom Stadtzentrum am Felsenstrand. *40 Betten, Fiesa 57, Tel. und Fax 066/74 68 96, Kategorie 2*

Giuseppe Tartini

★ Hotelneubau mit interessanter, moderner Inneneinrichtung hinter einer alten Fassade direkt am Tartini-Platz. Ein Bravourstück aus den Werkstätten slowenischen Designs. *87 Betten, Tartinijev trg 15, Tel. 066/74 62 21, Fax 74 63 24, Kategorie 1*

SPIEL UND SPORT

Da Piran eine Stadt und keine Feriensiedlung ist, gibt es kaum Bademöglichkeiten direkt vor Ort, ein Felsenstrand findet sich im 1 km entfernten Fiesa.

AM ABEND

Man trifft sich auf der Punta oder schlendert durch das Gewirr der engen Gassen. Selbst in der Saison werden die Terrassen vor den Lokalen meist schon vor Mitternacht mit Rücksicht auf die Anwohner geschlossen. Portorož bietet ein intensiveres Nachtleben. Im Juli und August lohnen die *Piraner Musikabende* einen Besuch, Kammerkonzerte heimischer und internationaler Musi-

Am Charme von Piran hat der malerische Hafen wesentlichen Anteil

Škocjan: Nicht die »Orgel« sorgt für die Akustik, sondern ein schäumender Fluß

ker in den Kirchen und im Kreuzgang des Franziskanerklosters.

AUSKUNFT

Reisebüro Maona
Stadtführungen, Apartments und Privatunterkünfte. *Cankarjevo nabrežje 7, 6330 Piran, Tel. und Fax 066/74 62 28*

PORTOROŽ

(**B 1**) Das bedeutendste Seebad an der Slowenischen Riviera (4500 Ew.) breitet sich am oberen Rand der Bucht von Piran zu Füßen einer Hügelkette aus, die den Kurort im Winter vor kalten Nordwinden schützt. Die breite Seeuferstraße mit der Promenade und dahinter die Reihe älterer und neuer Hotels verleihen Portorož (»Rosenhafen«) vor allem Großzügigkeit und einen Hauch von Eleganz. Wer sich aufgrund des Namens im Rosenhafen in einem Meer duftender Blüten wähnt, wird allerdings enttäuscht. Die Königin der Blumen fristet eher ein Schattendasein in der lebhaften Ferien- und Freizeitmetropole. Das 1911 erbaute Grand Hotel und das Spielkasino von 1913 gelten als die Urzelle des Fremdenverkehrs in Portorož. Die Spielbank wurde 1964 neuerlich eröffnet, und mit dem Bauboom neuer Hotelanlagen in den siebziger Jahren schnellte die Zahl der Gäste des Ortes sprunghaft in die Höhe. Zu einem Teil wurde die ansehnliche touristische Infrastruktur im Sport- und Freizeitangebot aus den Gewinnen des Kasinos finanziert. Der Strand lockt mit aufgeschüttetem feinem Sand, und die Marina (1200 Liegeplätze) im angrenzenden Ort Lucija gilt als einer der besten und leistungsfähigsten Yachthäfen an der gesamten Adriaküste. Die Gästestruktur ändert sich in Portorož mit der Jahreszeit: Im Sommer kommen junge Familien mit Kindern, viele nur für einen Tagesausflug, im Winter bleibt das Terrain Kurgästen und Nachtschwärmern überlassen. Mit seinen Kasinos, Bars und Diskotheken

Die Salinen bei Portorož sind zum Teil noch heute in Betrieb

bietet das Seebad ganzjährig Unterhaltung für jeden Geschmack. Ein 4 km langer Spazierweg verbindet Portorož mit Piran.

BESICHTIGUNGEN

Forma Viva

Auf der Halbinsel Seča stehen Marmorskulpturen, die beim früher alljährlich veranstalteten Bildhauersymposium entstanden sind. Von diesem wenig besuchten, schattigen Rasenplatz bietet sich ein schöner Blick auf Portorož.

Salinen

★ Zur anderen Seite der Halbinsel kommt man nach einem kurzen Fußweg hinunter zu den 700 Jahre alten Salzgärten von *Sečovlje.* Ein Teil der Salinen ist stillgelegt und den Seevögeln als Brutreservat überlassen.

RESTAURANTS

Pizza, Pasta, Grillteller und Meeresfrüchte für jeden Geschmack gibt es rechts und links der Seeuferstraße.

Marina

Restaurant mit Qualität, die ihren Preis wert ist, den betuchten Skippern angepaßt, die auf ihren Planken nicht selbst den Kochlöffel schwingen wollen. *Marina Lucija, Tel. 066/47 13 17, Kategorie 1*

Ribič

Das an den Salinenfeldern gelegene, gemütliche Gasthaus unter schattigen Bäumen ist an den Wochenenden ein beliebtes Stammlokal italienischer Tagesausflügler aus Triest. Fisch- und Fleischgerichte, Spezialität: Drachenkopffisch auf Kartoffeln aus dem Backofen, einheimische Weine. *Seča 143, Tel. 066/707 90, Kategorie 2*

HOTELS

In allen Hotels, die direkt an der vielbefahrenen Seeuferstraße liegen, muß in den Zimmern mit Balkon und Blick auf das Meer auch mit dem Lärm von Motorrädern und Autos bis in die späte Nacht gerechnet werden.

Bernardin

Hotelkomplex zwischen Portorož und Piran, mit Yachthafen, Restaurants, Kneipen und Boutiquen. Dazu gehört auch das vor einer Felswand am Meer hochgezogene Grand Hotel Emona Kongreßhotel. *420 Betten, Obala 2, Tel. 066/475 51 04, Fax 754 91, Kategorie 1*

Grand Hotel Palace

Direkt an der Promenade im Zentrum. Die Zimmer zur Straße sind im Sommer ziemlich laut. Verbunden mit der Kurabteilung der Therme. *376 Betten, Obala 45, Tel. 066/74 73 80, Fax 74 71 88, Kategorie 1*

Tomi
Gemütliche Pension mit aufmerksamem Service oberhalb von Portorož. *50 Betten, Letoviška 1, Tel. 066/74 67 50, Fax 74 72 85, Kategorie 3*

AM ABEND

Im *Spielkasino* des Grand Hotel Metropol versuchen täglich 300 bis 500, am Wochenende bis zu 1800 Gäste, meist Italiener, ihr Glück. Im Sommer ist die kleine *Zeltstadt Kaštel* mit Getränkeständen und Snacks auch bei den Einheimischen zu einem beliebten Treff an der *Obala* geworden.

AUSKUNFT

Fremdenverkehrsamt
Die Turistična informacijska pisarna vermittelt auch Privatunterkünfte. *Obala 16, 6320 Portorož, Tel. 066/74 70 15, Fax 74 70 10*

ZIEL IN DER UMGEBUNG

Izola **(B 1)**
Langsam mausert sich Izola (8500 Ew.) vom Fischerstädtchen zu einem ansehnlichen Ferienort. Der hohe Schornstein der Fischfabrik steht zwar noch, aber er bläst keine dicken, schwarzen Rauchschwaden mehr in den blauen Himmel. Seitdem der restaurierte *Besenghi-Palast,* Sitz der italienischen Gemeinschaft, im frischen Glanz erstrahlt, ist der Kontrast zu den grauen Altstadtgassen, in denen der Zahn der Zeit gnadenlos den Putz von den Wänden bröckeln läßt, noch auffälliger geworden. Wenn man es schafft, die alte Bausubstanz zu erhalten, wird der Altstadtkern bestimmt wieder zu einem kleinen Schmuckstück. Bedeutende Gebäude in der Stadt sind das *Rathaus* und die *Basilika St. Maurus* (16. Jh.). Im Bereich des Hafens findet man Restaurants und Eiscafés, die meist von Touristen frequentiert werden. Gegenüber der Altstadt wurde gerade eine neue *Marina* mit 350 Liegeplätzen eingeweiht.

Die Feigenkanonenschlacht

Im Mittelalter führten die istrischen Städte so manchen Krieg gegeneinander. In einer Legende ist der Streit zwischen Piran und Izola erhalten geblieben: Izola war es leid, daß Piran immer wieder versuchte, sein Gebiet auf Kosten des Nachbarn zu erweitern, und so entschied man sich für einen Krieg. Weil es den Leuten von Izola aber an Eisen für den Bau von Waffen mangelte, stellten sie eine Kanone aus dem Holz eines Feigenbaumes her. Die hievten sie an Bord eines Bootes und segelten bis in die Bucht von Piran. »Feuer!« befahl der Kapitän. Die Feigenholzkanone explodierte mit einem furchtbaren Krach, und die halbe Besatzung war sofort tot. Da rief der Kapitän: »Leute, es reicht! Wenn es hier so viele Tote gegeben hat, wieviel mögen es erst in Piran gewesen sein!«

Zwei Seelen in einem Herzen

Mediterrane Betriebsamkeit an der Küste, mittelalterliche Städtchen im verträumten Hinterland

Was Slowenien im Nordwesten der herzförmigen Halbinsel zu bieten hat, ist ein kleiner, aber feiner Vorgeschmack, der neugierig macht, hinüber in das kroatische Kernland von Istrien zu schauen. Zu Zeiten Jugoslawiens war diese Grenze für den Urlauber kaum mehr als eine sprachliche Trennungslinie. Jetzt zeigen die beiden neuen Staaten mit neuen Flaggen und Uniformen Präsenz. Von Istrien nach Istrien zu reisen ist meistens nur ein schneller Akt der Bürokratie.

Zwischen Slowenisch-Istrien und Kroatisch-Istrien stehen Grenzpfähle, zwischen der Küstenregion und dem Binnenland liegen Welten. Von Umag bis Pula erstreckt sich entlang des Ufers der abwechslungsreichen Adria eine der großen Ferienregionen des Mittelmeerraumes. Beinahe nahtlos reihen sich die Quartiere der Urlauber, Hotelkomplexe, Apartmentanlagen, Campingareale, und Marinas sowie Sport- und Vergnügungszentren aneinander. Von Touristensiedlungen umbaut, liefern die alten, frisch polierten Städtchen, ob Poreč, Novigrad oder Rovinj, die romantische Kulisse und das Flair für das vergnügliche mediterrane Urlaubserlebnis. Der Fischer fährt zwar noch in alter Gewohnheit hinaus aufs Meer, doch mit den Zimmern, die er in seinem Haus den Sommer über vermietet, erwirtschaftet er längst einen ganz wesentlichen Teil des Lebensunterhaltes für sich und seine Familie.

Wenige Kilometer ins Binnenland, wo die magnetische Anziehungskraft des Meeres ihre Wirkung verliert, schlummert das Leben in uralten, pittoresken Ortschaften, die fast immer auf einem Hügel thronen. Unnahbar und grau zeigen sie sich mit ihren dicken Festungsmauern, aus denen der Glockenturm wie ein drohender Zeigefinger ragt. Um die Mittagszeit streifen höchstens ein paar Katzen um das mittelalterliche Gemäuer von Kirchen und Palästen. Fest verschlossen sind die traditionell grün und blau gestrichenen, verblaßten Fensterläden an den Wohnhäusern. Viele Häuser in den Dörfern sind unbe

Die zerklüftete Küste Istriens bietet unzählige kleine Badebuchten im Schatten von Pinien und Steineichen

wohnt; verlassen von denen, die sich nach dem Zweiten Weltkrieg ihrem Mutterland Italien zuwandten, und von jungen Leuten, die in die Welt ausschwärmten, um ihr Glück auf leichtere Weise als auf dem heimischen Acker zu suchen. Geblieben sind die bodenständigen Alten, die in harter Knochenarbeit die Felder und Weinberge bewirtschaften. Abends sitzen sie auf den Stufen vor ihren Häusern. Einem Fremden, dem sie ihre Gastfreundschaft mit einem Glas hausgemachten Weines anbieten, wird die Begegnung zum unvergeßlichen Erlebnis.

Unter dem Namen »Heimatpark Istrien« ist in Zusammenarbeit mit EU-Organisationen gerade ein Projekt angelaufen, das

MARCO POLO TIPS FÜR DEN KROATISCHEN TEIL

1 Pula
Das Amphitheater aus römischer Zeit, in dem einst die Gladiatoren mit wilden Tieren kämpften, wird heute für Festspiele genutzt (Seite 50)

2 Rovinj
Mediterranes Ambiente pur – und eine Heilige verkündet täglich das Wetter (Seite 54)

3 Motovun
Stadtmauern, Tore, Türme, Palazzi und eine phantastische Aussicht auf das hügelige Weinland (Seite 42)

4 Grožnjan
Im Künstlerdorf trifft sich jeden Sommer der internationale Nachwuchs der klassischen Musikszene (Seite 43)

5 Poreč
Die Euphrasius-Basilika gilt als schönstes Beispiel byzantinischer Baukunst aus dem 6. Jh. (Seite 47)

6 Beram
Der »Totentanz« steht im Mittelpunkt dieser mit mittelalterlichen Fresken geschmückten Kapelle (Seite 45)

7 Brijuni-Inseln
Die Hauptinsel mit den füheren Staatsgästehotels von Tito und einem Safaripark, in dem Titos lebendige Staatsgeschenke Platz haben, ist ein ziemlich kurioser Nationalpark (Seite 52)

8 Labin
Die mittelalterliche Altstadt gilt manchen als die schönste von ganz Istrien (Seite 53)

9 Hum
In der kleinsten Stadt der Welt kann man die Zahl der Häuser an zwei Händen abzählen (Seite 41)

10 Gostionica Toklarija
Edelrestaurant in einer alten Olivenmühle (Seite 42)

dem wirtschaftlich schwachen Binnenland das natürliche und kulturelle Erbe als Entwicklungsquelle aufzeigen soll. Dazu zählt auch der Plan für eine umweltverträgliche Tourismusstruktur. Heute gibt es im gesamten Binnenland kaum mehr als 250 Hotelbetten. An der Küste wäre das gerade ein Hotel von mittlerer Größe. Die ersten Signale sind gesetzt. Zwei Panoramastraßen, gut ausgebaute Nebenstrecken, gewähren einen wunderbaren Blick auf das grüne Hügelland und sind allemal einen Umweg wert. Die eine führt von Cerovlje im Herzen der Halbinsel über Paz und Vranja zum Učka-Tunnel, die andere von Cerovlje über Draguć nach Buzet. Der Radwanderprospekt »Istra Bike« enthält sieben Tourenvorschläge mit Routenbeschreibung im Umkreis der Stadt Pazin.

BUZET

(**C 2**) Unterhalb des Ćićarija-Massivs liegt die Altstadt von Buzet (500 Ew.) auf einem Hügel, zu dessen Füßen sich die Neustadt ausbreitet. Es empfiehlt sich, hier das Auto zu parken und die enge Straße durch das alte *Stadttor* (16. Jh.) entlang der Festungsmauer zu Fuß hinaufzugehen und den Ausblick ins Land bei einer Pause in der kleinen *Café-Bar Melody* unter dem Sonnenschirm zu genießen. Um den Hauptplatz gruppieren sich die barocke *Marienkirche,* das Gebäude der alten Stadtverwaltung sowie alte Häuser des Adels und reicher Bürger. Das *Stadtmuseum (geöffnet auf Anfrage)* zeigt neben der wechselvollen Geschichte der Stadt das alte Handwerk der Bäcker, Töpfer, Schmiede und Schuhmacher. *Auskunft: Tourismusverband Buzet, Ul. 2. Istarska Brigade 2, 52420 Buzet, Tel. und Fax 052/66 23 43*

ZIELE IN DER UMGEBUNG

Hum (**C 2**)

★ In der kleinsten Stadt der Welt (21 Ew.) stehen heute nur noch zehn Häuser. Im Mittelalter zählte die Garnisonsfestung an der Grenze zwischen venezianischem und habsburgischem Besitz weit über 2000 Einwohner. Aber nicht nur wegen der alten *Stadtmauern,* dem *Stadttor* und der romanischen *Friedhofskirche* mit Fresken aus dem 12. und 13. Jh. kommen die Besucher in den abgelegenen Ort. Mit typisch istrischen Spezialitäten wie Trüffelkäse oder süßen *kroštule* hat sich die *Humska Konoba (Tel. 052/66 00 05, Kategorie 3)* vor allem bei einheimischen Feinschmeckern einen Namen gemacht.

Roč (**C 2**)

Das seit dem Mittelalter befestigte Städtchen (184 Ew.) war einst ein Zentrum literarischen Schaffens in glagolitischer Schrift. Die *Konoba (Kategorie 3)* neben der Pfarrkirche serviert typisch istrische Gerichte. Hier beginnt die *Allee der Glagoliter:* Entlang des sechs Kilometer langen Weges nach Hum stehen seit 1977 zehn glagolitische Denkmäler aus weißem Stein zur Erinnerung an Kyrill und Method und an die kroatischen Glagoliter, Bewahrer nationaler Kultur und Identität.

Sovinjak (**C 2**)

Eine schmale, steile und kurvenreiche Straße windet sich von der Hauptstraße Buzet–Poreč (4 km von Buzet) durch ein mit Kiefern und istrischen Eichen bewaldetes Gebiet bis zum Weiler Sovinjak (293 m). Eine Sommerfrische, die besonders Gourmets ansteuern: Gegenüber der *Kirche* (15. Jh.) bietet sich von der *Konoba Karoca (Tel. 052/66 30 39, Mo geschl., Kategorie 3)* ein schöner Ausblick auf die istrische Landschaft mit ihren zahllosen Hügeln. Die Küche offeriert u. a. istrische Trüffeln. Im 2 km entfernten *Sovinjsko Polje* verbirgt sich in einer ehemaligen Ölmühle ein beliebter Treffpunkt der kroatischen Society. Nevio Sirotić serviert in der ★ *Gostionica Toklarija (Sovinjsko Polje 11, Tel. 052/66 30 31, Reservierung ratsam, Di geschl., Kategorie 2)* erstklassige Trüffeln als ganze Frucht.

MOTOVUN

(B 2) ★ Motovun (600 Ew.) thront, von Weinbergen umgeben, auf einem steilen Hügel über dem Tal der Mirna. In den Wäldern entlang des Flusses wachsen die heiß begehrten Trüffeln. Zur Herbstzeit werden sie in den frühen Morgenstunden von den Hunden der Sammler aufgespürt. Für ein Kilo Trüffeln zahlen Feinschmecker, vor allem Italiener, bis zu 1500 Mark. Motovun mit seinen alten Stadttoren, Palazzi, Bürgerhäusern und Kirchen ist einer der wenigen Orte im Binnenland, die man den Urlaubern an der Küste auch als organisierten Ausflug anbietet. Am Hauptplatz gibt es sogar ein *Hotel* in historischem Gemäuer *(Kaštel, 62 Betten, Tel. 052/68 16 07, Fax 68 16 50, Kategorie 3)* sowie Cafés und Souvenirläden. Auf der *Stadtmauer* kann man den romantischen Ort mit einem schönen Blick auf die Weinberge der Umgebung fast vollständig umrunden. Der romanische *Glockenturm* neben der *Kirche des hl. Stefan* war in früheren Zeiten zugleich Wehrturm. Die Zeiger auf dem bewachsenen Zifferblatt der Uhr sind irgendwann einmal um 15.49 Uhr stehengeblieben.

Wer auf der gegenüberliegenden Seite der Mirna die Serpentinenstraße (bis zu zehn Prozent Steigung) nicht scheut, trifft nach 7 km in *Oprtalj* auf einen ziemlich verfallenen Ort mit Wehrmauern und mittelalterlichen Kirchen, in dem die Zeit völlig stillzustehen scheint. Folgt man dem Tal der Mirna in Richtung Buzet, so sind es nur 6 km bis *Istarske Toplice.* Das einzige Heilbad Istriens, in dem warme Schwefelquellen sprudeln, hilft rheumatische Leiden zu lindern.

ZIELE IN DER UMGEBUNG

Buje **(B 2)**

Auf dem Weg von Motovun nach Umag sieht man das mittelalterliche Städtchen (3500 Ew.) auf einem sanften Hügel liegen; ein Platz, der schon in der Vorgeschichte besiedelt war. Die *Pfarrkirche Sveti Servolo* wurde am Hauptplatz im 16. Jh. auf die Reste eines römischen Tempels gebaut. Typisch ist die bäuerliche Architektur der umliegenden alten Häuser: Wohnräume in den oberen Geschossen, Ställe zu ebener Erde und Kellerräume, in denen der Wein von den großen Rebfeldern der Umgebung lagert. Die *Weinstraße um Buje* führt zu den Winzerhöfen im Umland.

Im Künstlerdorf Grožnjan trifft sich die internationale Musikjugend

Grožnjan **(B 2)**

★ Das pittoreske Künstlerdorf hat heute wieder etwa 80 ständige Einwohner und an die 20 Galerien und Ateliers. Nach dem Zweiten Weltkrieg war das Städtchen noch bis in die sechziger Jahre von Verödung und totalem Verfall bedroht. Künstler, denen man für einen symbolischen Preis die Häuser überließ, restaurierten die baufälligen Gemäuer und brachten neues Leben. Alljährlich veranstaltet die internationale Musikjugend Sommerkurse, die mit Konzerten in der barocken *Pfarrkirche* ihren Abschluß finden *(Auskunft in Zagreb bis Ende Juni: Tel. und Fax 01/53 99 22, in Grožnjan ab Ende Juni bis Mitte Sept. Tel. 052/77 61 06).* In den alten Gassen, auf Plätzen und in Hinterhöfen trifft sich das internationale Gästepublikum zu Plauderrunden in architektonischer Harmonie zwischen Mensch und Natur. Kaum ein anderer Ort in Istrien strahlt so viel Atmosphäre aus.

NOVIGRAD

(A 2) Wie alle alten Städtchen an der Westküste Istriens, so ist auch Novigrad (2500 Ew.), grün umrankt, auf eine Landzunge gebaut. Hier oder in der Umgebung wird in der Antike eine römische Siedlung erwähnt. Die Legende erzählt, sie sei im Meer versunken, und so mancher Einheimische glaubt fest daran, daß man die Stadt bei ruhiger See auf dem Meeresgrund liegen sehen kann. Das wäre dann auch eine plausible Erklärung für den Namen der Stadt Novigrad (Neustadt), im 6. Jh. von den Byzantinern Neapolis genannt. Seit dieser Zeit war sie bis 1831 Bischofssitz, und bis heute hat sie ihre mittelalterliche Struktur erhalten. Nicht so sehr einzelne gotische Bürgerhäuser oder romanische Türme reizen in Novigrad. Es ist vielmehr die Atmosphäre in den engen Gassen und auf den offenen Plätzen, die den Ort insgesamt so anziehend macht. Im Juni ist Novigrad Ziel der Segelregatta *Transadriatica,* die von Venedig aus startet.

BESICHTIGUNG

Altstadt

Der historische Stadtkern ist von einer zum größten Teil noch gut erhaltenen, mittelalterlichen Zinnenmauer umgeben. Bedeutendstes Bauwerk: die romanische *Basilika St. Pelagius* mit einer frühromanischen Krypta am *Veliki trg,* dem Hauptplatz.

RESTAURANTS

Das erste Stadtcafé wurde vor 100 Jahren an der Piazza Grande eröffnet. Heute gibt es in der Gemeinde allein 56 private Gastgewerbebetriebe. Eine reiche Auswahl findet man in den Gassen gegenüber der Marina.

HOTELS

Cittar

Privates Hotel direkt in der Altstadt. *30 Betten, Prolaz Venecija, Tel. 052/75 72 29, Fax 75 77 37, Kategorie 2*

Maestral

Moderner Hotelklotz mit Sportzentrum, 800 m auf dem Küstenweg zur Altstadt. *748 Betten, Tel. 052/75 75 57, Fax 75 73 14, Kategorie 2*

Rotonda

Gepflegtes Haus in der Altstadt direkt am Meer mit Spielkasino, Schwimmbad und Sauna. *60 Betten, Rotonda 8, Tel. 052/75 77 36, Fax 75 74 68, Kategorie 2*

AM ABEND

Von Juni bis September läuft der Kultursommer, Höhepunkte sind die *Fischerabende.* Im August ein *Jazzfestival.*

AUSKUNFT

Tourismusverband Novigrad

Porporella 6, 52466 Novigrad, Tel. und Fax 052/75 70 75

ZIEL IN DER UMGEBUNG

Dajla (A 2)

Hinter dem ehemaligen Kloster liegt eine seichte Bucht. Der

Ein vergessener Kleinstaat

Im Mai 1945 besetzten Titos Truppen Triest, mußten die Stadt auf Druck der Westalliierten aber bald wieder verlassen. Das Gebiet von Duino im Norden bis Novigrad im Süden wurde in zwei Zonen aufgeteilt. Die nördliche Zone A stand unter angloamerikanischer, die südliche Zone B unter jugoslawischer Militärverwaltung. Auf Beschluß der Großmächte und unter der Schirmherrschaft der Uno gründete sich 1947 der formell unabhängige Staat »Freies Territorium Triest« (FTT) aus beiden Zonen – mit eigener Flagge und eigener Währung. 1954 fiel die Zone A endgültig an Italien, Zone B an Jugoslawien. Der Kleinstaat ist heute fast in Vergessenheit geraten. Nicht so bei Philatelisten: Einige FTT-Briefmarken wurden schon vor Jahren zu Höchstpreisen gehandelt.

wilde Strand um die Landzunge wird vor allem von Einheimischen besucht. Kein kommerzieller Rummel, aber Vorsicht, manchmal Seeigel im Wasser!

PAZIN

(**B 3**) Das augenfälligste an der Stadt (5300 Ew.) im Herzen von Istrien ist das Kastell über der 120 m tiefen Schlucht, in der das Flüßchen Fojba in einem Felsenloch verschwindet. Pazin ist seit der Selbständigkeit Kroatiens wieder das Verwaltungszentrum für den kroatischen Teil von Istrien – wie schon zu Zeiten der Habsburger Herrschaft.

BESICHTIGUNGEN

Kastell

Die Festung ist eine der besonders gut erhaltenen in Kroatien. In einer Urkunde des Kaisers Otto II. wird sie 983 erstmals erwähnt. Die Fassade trägt die Wappen ihrer Besitzer, der Bischöfe von Poreč, der Patriarchen von Aquileia, der Grafen von Görz, der Habsburger und der Familie Montecuccoli aus österreichischem Hochadel. Die stürmische Vergangenheit der Burg am Abgrund inspirierte Literaten wie Vladimir Nazor (»Blutige Tage«) und Jules Verne (»Mathias Sandorf«). Heute ist hier das *Ethnographische Museum Istriens (Mo–Fr 10–18 Uhr, Sa 10–14 Uhr, So 10–12 Uhr, 10 Kuna)* untergebracht, mit Volkstrachten aus allen Teilen Istriens, Volksmusikinstrumenten wie der *sopila* (Flöte) und traditionellem Haus- und Handwerksgerät, z. B. dem *kosirić*, dem typisch istrischen Messer mit schnabelförmiger Klinge.

Pfarrkirche St. Nikolaus

Sehenswert sind in der romanischen Pfarrkirche (13. Jh.) vor allem die Wandmalereien aus dem 15. Jh. *Ul. Muntrilj*

HOTELRESTAURANT

Lovac

Motel und Restaurant am Stadtrand, etwa 1 km in Richtung Poreč. Von der Terrasse schöner Blick auf Pazin und seine Schlucht. Spezialitäten: Truthahn und hausgemachte Teigwaren *(fuži)* mit Rehgulasch. *54 Betten, Šime Kurelića 4, Tel. 052/62 43 84, Fax 62 42 92, Kategorie 3*

EINKAUFEN

Einmal monatlich, an jedem ersten Dienstag, ist großer *Kram- und Trödelmarkt* am Rande des Stadtparks.

AUSKUNFT

Tourismusverband Pazin

Stari trg 8, 52400 Pazin, Tel. 052/ 62 24 60, Fax 62 44 05

ZIELE IN DER UMGEBUNG

Beram (**B 2**)

Von kunsthistorischer Bedeutung ist die etwas abseits des Dorfes gelegene, mit Fresken geschmückte ★ *Friedhofskapelle.* Im »Totentanz« (1474) mahnt der Meister Vinzenz von Kastav die Gesellschaft seiner Zeit, vom Papst bis zum Bettler im Reigen mit Skeletten, an die irdische Vergänglichkeit. Die Freske »Flucht nach Ägypten« spiegelt istrische Lebenswirklichkeit wider: ein mittelalterliches Städtchen auf einem Hügel, die rote, istrische

Gračišće: Studenten helfen bei der Restaurierung des alten Bauerndorfes

Erde, ein Mann mit einem Esel und einem Weinfaß, die Frau mit Kind und das Mädchen, das den Korb mit Speisen auf dem Kopf trägt. *Schlüssel im Ort Beram bei der Familie Gortan im Haus Nr. 33, Tel. 052/62 24 44 (nur kroatisch und italienisch)*

Gračišće **(C 3)**

Auf dem Weg von Pazin, 8 km in Richtung Plomin, liegt die befestigte Bauernsiedlung (420 Ew.), die jetzt mit Hilfe von Studenten aus Zagreb restauriert wird. Durch das *Stadttor* kommt man zur *Stadtloggia* und zum Hauptplatz mit dem *Salamon-Palast,* der *Bischofskapelle* und der *Marienkapelle.* Deren Fugen sind mit Nägeln gespickt, die Frauen in der Hoffnung einschlugen, ihr Kinderwunsch möge in Erfüllung gehen. Die Gebäude sowie die Schutzmauer stammen aus dem 15. und 16. Jh. Nebenan, in der gemütlichen *Konoba Marino (Tel. 052/68 70 81, Kategorie 3),* hängen getrocknete Maiskolben und alte Bauernkarrenräder an den Wänden. Man serviert hier mit *maneštra* und *fuži,* mit Wildbret, hausgemachten Würsteln und *ombolo* nur typische Gerichte aus der istrischen Landküche.

Tinjan **(B 3)**

Westlich von Pazin, 11 km in Richtung Poreč, liegt Tinjan (430 Ew.) an der früheren Grenzlinie venezianischen Besitztums. Unter hohen Bäumen steht der alte, steinerne *Župan-Tisch.* In früheren Zeiten hat sich einmal im Jahr eine Männerrunde um ihn versammelt und einen Floh in seine Mitte gesetzt. Wem das Tier in den Bart sprang, der durfte oder mußte für das nächste Jahr das Amt des Župans (Oberhaupt der Dorfgemeinschaft) bekleiden, erzählen sich die Einheimischen noch heute in Geschichten aus der guten alten Zeit. Aus der stammt auch noch die offene Herdstelle, Stolz der Besitzer der *Konoba Tinjan (Tel. 052/62 61 98, Kategorie 3)*, in der nach istrischen Rezepten gekocht wird.

POREČ

(**A 2–3**) Hier die verschachtelte, alte Stadt auf der Landzunge, dort mit gebührendem Abstand die Feriensiedlungen: Das auch in Umag und Novigrad erkennbare Prinzip der Bauplanung ist ebenso in Poreč (7500 Ew.) verwirklicht worden. Zwischen der Halbinsel Lanterna und dem Limski-Fjord wurden vor allem in den siebziger und achtziger Jahren geballt neue touristische Zentren geschaffen. Das Gebiet verfügt heute über 100 000 Urlauberbetten, ein Drittel des gesamten Potentials im kroatischen Teil von Istrien. Zum Norden lehnen sich Pical und Špadići direkt an die Altstadt von Poreč, wenige Kilometer entfernt folgen dann Červar-Porat und Lanterna. Nach Süden schließen sich an Brulo die Blaue Lagune und die Grüne Lagune an (Plava Laguna und Zelena Laguna). Last, but not least: Fünf Minuten tuckern die Boote vom Altstadthafen hinüber zur Insel Sveti Nikola mit den beiden Hotels Fortuna und Isabella. Pinienwälder, durchsetzt mit Steineichen, spenden hinter dem Felsenufer mit kleinen Kieselbuchten kühlenden Schatten. Sportangebote, ob im glasklaren Wasser oder an Land, sind reichlich vorhanden. Wer das aktive Vergnügen in der Masse von Gleichgesinnten sucht, ist hier bestens aufgehoben. Bis in die Nacht wird auf Tanzterrassen und in Diskos, in Bars und Kneipen einiges geboten. Ob von nebenan oder von weiter her, irgendwann kommen alle zu einem Bummel durch die Altstadt von Poreč. Sie gehört im Sommer den Fußgängern. Die Parkplatzflächen vor ihren Mauern schaffen es kaum, die vielen Autos aufzunehmen. Nur noch zum morgendlichen Einkauf und zum Bummel am Abend lassen die Einheimischen sich sehen. Wem es die Zeit erlaubt, der geht zwischendurch an die *Gradska plaža* (städtischer Strand) zum Baden. Hier, im Stadtteil Novo Naselje, werden in fast allen Privathäusern Zimmer und Apartments vermietet. Vom späten Vormittag bis in den Abend flutet der Touristenstrom durch die Gassen. Souvenirhändler, Kunstgewerbeläden, Schnellporträtierer, vor allem aber die Eiscafés sind die bevorzugten Anlaufpunkte des wogenden Besucherstroms aus den umliegenden Feriensiedlungen.

Wenn die albanischen Eisverkäufer gut gelaunt sind, dann präsentieren sie dem staunenden Publikum auf dem Dekumanus eine perfekte Show mit fliegenden Eiskugeln.

BESICHTIGUNG

Altstadt

Alt-Poreč – das sind die ★ *Euphrasius-Basilika* (6. Jh.) mit ihren prachtvollen byzantinischen Mosaiken, der *Bischofspalast* aus dem 13. Jh., der *Glockenturm* (Aufstieg möglich) aus dem 16. Jh.; vor allem aber sind es die Gassen und Gänge, die rechts und links des gepflasterten Hauptsträßchens Dekumanus aus römischer Zeit abzweigen.

MUSEUM

Heimatmuseum

Ein Lapidarium und eine heimatgeschichtliche Sammlung sind im *Barockpalast Sinčić* eingerichtet. Im Innenhof ein Café unter schattenspendenden Kastanien. *Tgl. 9–12 und 18–22 Uhr, 10 Kuna, Dekumanus 9*

RESTAURANT

Pizzeria Peterokutna kula

In neuem Glanz erstrahlt das jüngst renovierte Restaurant im alten, fünfeckigen Wehrturm. *Dekumanus, Ecke Ul. V. Nazora, Kategorie 2*

EINKAUFEN

Mit Obst und Gemüse konkurrieren die Händler täglich auf dem *Markt* am *Trg J. Rakovca.* In einer der vielen *Galerien* in den Altstadtgassen entdecken Sie vielleicht Ihr persönliches Souvenir, ein Bild oder handgearbeiteten Keramikschmuck.

ÜBERNACHTUNG

Camping Ulika Naturist

Der gut ausgestattete FKK-Campingplatz liegt nördlich von Poreč am Meer in der Nähe des Dorfes *Červar. Tel. 052/43 63 25*

Fortuna

Auf der Insel Sveti Nikola befindet sich das 450-Betten-Hotel. Transfer für Hotelgäste kostenlos. Tennis, Surfen, Bootsverleih. *Tel. 052/45 17 22, Fax 45 11 19, Kategorie 1–2*

Ein mildes Küstenklima: Auf der Uferpromenade von Poreč gedeihen Palmen

Galijot
Beliebtes Hotel mit vielen Sportangeboten für aktive Gäste. *190 Betten, Plava Laguna, Tel. 052/ 45 18 77, Fax 45 23 99, Kategorie 1*

Tamaris
Hotel mit Süßwasserpool, 12 km nördlich von Poreč auf der üppig bewachsenen Halbinsel Lanterna. *650 Betten, Tel. 052/ 44 30 71, Fax 44 35 00, Kategorie 2*

AM ABEND

Zweimal wöchentlich *Konzerte* in der *Basilika,* im Winter im *Museum.* Von Mai bis September Unterhaltungsprogramm auf der offenen Bühne im Stadtzentrum auf dem *Trg marafor.*

AUSKUNFT

Tourismusverband Poreč
Zagrebačka ul. 11, 52440 Poreč, Tel. 052/45 12 93, Fax 45 16 65

ZIELE IN DER UMGEBUNG

Tar **(B 2)**
Nach einem Bummel durch das alte Bauerndorf im Binnenland lohnt sich ein Abstecher zur Bucht von Tar. In der rustikalen *Konoba Al Porto (Tarska vala 1, Tel. 052/ 46 21 91, Kategorie 2)* werden als Spezialität auf dem Kamin gegrillte, in Wein eingelegte Sardellen serviert. An der Küstenstraße verkaufen die Bauern in Traubenschnaps eingelegte Früchte sowie Akazienhonig und hausgemachten Käse.

Vabriga **(A 2)**
Am kleinen Hafen der Fischer von Vabriga (ein paar Kilometer außerhalb des Ortes) werden im Restaurant *Santa Marina (Tel. 052/44 31 73, Kategorie 2)* Meeresspezialitäten, manchmal sogar Meeresschnecken, auf den rustikalen Holztischen serviert.

PULA

(**B 4**) Geschäftigkeit bestimmt das Leben noch immer in der Hafenstadt, die mit 65 000 Einwohnern auch der größte Ort auf der Halbinsel ist, obgleich sie als Verwaltungszentrum für den gesamten kroatischen Teil Istriens von Pazin abgelöst wurde. Die jungen Soldaten, jetzt in den Uniformen der kroatischen Armee, gehören traditionell in das Straßenbild. Als sich Österreich-Ungarn zur Mitte des 19. Jhs. entschied, Pula zum wichtigsten Kriegshafen der Habsburger Monarchie auszubauen, erlebte die Stadt in kürzester Zeit ihre zweite große Blüte. Bis zum Ende des Jahrhunderts war die Einwohnerzahl von gut 1000 im Jahr 1842 auf etwa 40 000 emporgeschnellt. Fast jeder vierte stand in Diensten des Militärs. Die wichtigsten Sehenswürdigkeiten konzentrieren sich auf den Altstadtbereich und stammen vorwiegend aus der antiken Blütezeit unter der Herrschaft der Römer im ersten Jahrhundert.

Kaum mehr als 15 km vom Zentrum entfernt reihen sich an der ausgefransten Küstenlinie um die Südspitze Istriens die Ferienanlagen von Medulin, Pomer, Premantura, Banjole und Verudela. Pula ist für die Urlauber in dieser Region mit seinen Angeboten aus Stadt- und Kulturleben eine willkommene Abwechslung zu den Freizeitvergnügen am Meer.

BESICHTIGUNGEN

Amphitheater

★ Die Hauptattraktion von Pula ist das Amphitheater (1. Jh.). In der ellipsenförmigen, fünftgrößten Arena der Welt (132 x 105 m) begeisterten sich zur Römerzeit bis zu 23 000 Zuschauer an den blutigen Gladiatorenkämpfen. Hinter der gut erhalten gebliebenen, 33 m hohen Fassade sind heute die schönen Künste mit Musik und Tanz zu Hause: Im Juli gastiert hier das Kroatische Filmfestival, darüber hinaus gibt es Musikfestivals von Oper bis Rock. In den Kellerräumen befindet sich eine Ausstellung über Wein und Olivenöl im antiken Istrien *(Sommer tgl. 8–21 Uhr, 14 Kuna, Trg festivala)*.

Dom

Am Hafenkai liegt die dreischiffige Marienkathedrale, ein immer wieder umgebautes Bauwerk, in dessen Altarraum Mosaikreste aus dem 6. Jh. erhalten gebieben sind; nebenan der freistehende Uhrturm.

Marine-Gedenkfriedhof

Auf dem Friedhof *Mornaričko spomen groblje* oberhalb des Hafens im Stadtteil Stoja ist ein Stück Zeitgeschichte auf Gräber und Gedenktafeln geschrieben. Von 1862 bis 1945 fanden Offiziere und Marineangehörige der ehemaligen k. u. k. Monarchie sowie italienische und deutsche Soldaten hier ihre letzte Ruhestätte zwischen Palmen und Zypressen. *Ul. Stoja*

Trg republike

Von der Antike bis zum Mittelalter war dies der Hauptplatz, das Forum. An seiner Nordwestseite befinden sich der *Augustustempel* aus dem 1. Jh. und das an die Rückwand eines römischen Tempels gebaute *Rathaus* (13. Jh.).

Triumphbogen

An der *Ulica Prvog maja* findet man den kunstvoll geschmückten antiken Triumphbogen der Sergier, ein beachtliches römisches Bauwerk aus dem 1. Jh.

MUSEUM

Archäologisches Museum

Über die ulica Mate Balote geht man durch das zierliche Zwillingstor Porta Gemina zum Archäologischen Museum mit Funden aus der Römerzeit. Im Park die Fundamente eines römischen Mausoleums, eines kleinen Theaters und eine antike Zisterne. *Mai–Sept. Mo–Sa 9–20 Uhr, So 9–15 Uhr, Okt.–April Mo–Fr 8 bis 15 Uhr, 10 Kuna*

RESTAURANTS

Delfin

Am Dom, unter schattigen Bäumen, lockt die gute Küche vor allem Gäste aus dem benachbarten Yachthafen. *Strosmajerov trg 1, Tel. 052/222 89, Kategorie 1*

Fantasia

Raffinierte Nudelgerichte und Risotti aller Art. *Ul. Vivode-Arsena 35, Tel. 052/21 80 71, Kategorie 2*

Milan

Seit 1967 eines der frühen privaten Restaurants in Pula. Die frischen Meeresfrüchte, vorzüglich zubereitet, nehmen den größten Raum auf der Speisekarte ein. *Ul. Stoja 4, Tel. 052/221 00, Kategorie 2*

In Pulas Amphitheater fließen heute Wein und Olivenöl statt Blut und Schweiß

EINKAUFEN

Die Einheimischen behaupten, der große *Markt (tgl. 6 Uhr bis Einbruch der Dunkelheit)* im Zentrum *(Narodni trg)* sei der beste und billigste ganz Istriens. Unter alten Kastanienbäumen, von Fliegen gemieden, bietet er alles, was zur jeweiligen Jahreszeit auf dem Lande wächst. Beliebtes Mitbringsel sind Knoblauchzwiebeln und im Herbst die getrockneten Feigen. Frischen Fisch, Krebse, Muscheln sowie Fleisch, Wurstwaren und Käse gibt es nebenan in der Markthalle.

ÜBERNACHTUNG

Belvedere
Die Bettenburg liegt etwa 2 km außerhalb von Medulin, direkt an einem flach abfallenden Kieselstrand. Für aktive Leute gibt es ein vielfältiges Sport- und Unterhaltungsangebot im Haus und in der näheren Umgebung. *898 Betten, Medulin, Tel. 052/57 66 17, Fax 57 69 29, Kategorie 2–3*

Camping Stoja
Das teils mit Pinienwald bewachsene Gelände liegt auf einer kleinen, von Felsenstrand umgebenen Halbinsel ca. 3 km südwestlich vom Stadtzentrum Pulas. *Stoja 89, Tel. 052/241 44*

Histria
Das komfortable Hotel direkt am Meer liegt ca. 5 km vom Zentrum von Pula auf der Halbinsel Verudela. Yachthafen und Sportzentrum in der Nähe. *456 Betten, Punta Verudela, Tel. 052/347 77, Fax 21 41 75, Kategorie 1*

FKK-Anlage Kažela
Ferienanlage mit Campingplatz und einstöckigen Pavillons (Apartments und Zimmer) an einem langen Kies- und Felsstrand ca. 2 km südöstlich vom Ortszentrum Medulins. *Tel. 052/57 60 50, Fax 57 69 29, Kategorie 3*

AUSKUNFT

Tourismusverband Medulin
Centar, 52203 Medulin, Tel. und Fax 052/57 71 45

Tourismusverband Pula
Matka Laginje 7, 52000 Pula, Tel. 052/240 62, Fax 21 18 55

ZIELE IN DER UMGEBUNG

Nationalpark Brijuni-Inseln (B 4)
Von Fažana aus tuckern kleine Schiffe rund ums Jahr die 3 km über das türkisblaue Wasser nach ★ *Veli Brijun,* zur größten der 14 Inseln, die zum Archipel Brijuni (italienisch Brioni) zählen. Bis zu Titos Tod 1980 war die Inselwelt streng bewacht und für Staatsgäste reservierte Sperrzone. Den elitären Kreis internationaler Machthaber, gekrönter Häupter und berühmter Stars, die hier Zutritt fanden, dokumentiert eine Fotoausstellung, über der noch immer die an den jugoslawischen Marschall gerichteten Worte prangen: »Über Dich sprechen Deine Taten, Du bleibst.« Seit 1984 wird auch dem Volk der Eintritt in geführten Gruppen gewährt. Wen der hohe Preis nicht abhält, der kann sogar in den Betten der Prominenz nächtigen und sich auch in den Gebieten frei bewegen, die den Tagestouristen vorenthalten bleiben.

Zu Anfang des Jahrhunderts, nachdem der deutsche Bakteriologe Dr. Robert Koch das Archipel von der Malaria befreit hatte, tummelte sich hier bis zum Ausbruch des Ersten Weltkrieges die elitäre Prominenz aus ganz Mitteleuropa. Heute sind nur die beiden kleinen Nachbarinseln Galija und Vanga, auf der Josip Broz Tito einst seinen privaten Sommersitz hatte, für die Öffentlichkeit gesperrt. Sie stehen in der Verfügung der kroatischen Staatsführung. Zum Nationalpark wurde der Archipel Brijuni 1983 erklärt. Damit steht ein mediterranes Paradies aus Fauna und Flora unter Schutz. Man sieht seltene Bäume und Pflanzen, aber auch Tiere aus aller Welt, die Staatsoberhäupter Tito zum Geschenk gemacht hatten.

Mit der Inselbahn werden die Ausflugsgäste zu den Sehenswürdigkeiten auf Brijuni gefahren, durch den Safaripark, zu den Ruinen von römischen Bauten, vorbei an eleganten Gästehäusern und Villen in prächtigen Gärten. Erklärungen dazu auch in deutscher Sprache. Das etwa vierstündige Ausflugsprogramm kostet ab Fažana 40 (Kinder 20) Mark. *Vorbestellung Tel. 052/52 58 82 (Ausflugsdienst), Hotelunterkünfte und Villen (alle Kategorie 1) auf Brijuni Tel. 052/52 58 07, Fax 52 13 67*

Vodnjan (B 4)
Die Küstenstraße Koper–Pula umgeht Vodnjan (ca. 3500 Ew.). Im Städtchen (10 km vor Pula) bestimmen die Einheimischen und nicht die Urlauber den Lebensrhythmus. Der alte Stadtkern ist von zwei Hauptstraßen durchzogen, an die sich enge Gassen mit gotischen Häuserzeilen aus dem 15. Jh. schlängeln. Die *Wallfahrtskirche* des hl. Blasius (Sveti Blaž) auf dem Stadtplatz wurde im vergangenen Jahrhundert auf eine frühchristliche Basilika gebaut. In ihrer Schatzkammer verwahrt sie sakrale Kunstwerke aus dem 4. bis 19. Jh. und 380 Reliquien, darunter

auch drei Mumien, die völlig erhaltenen Körper vom hl. Leon Bembo (geb. 1188), vom hl. Johannes Olinius (geb. 1300) und vom hl. Nicolosa Bursa (geb. 1465). Was die weder balsamierten noch luftdicht eingeschlossenen Mumien vor dem Zerfall bewahrt, ist wissenschaftlich bislang nicht erklärbar. So geht denn neuerdings unter den Gläubigen der Ruf um, auch bei ihnen würden die Heiligen allerlei Wunder bewirken.

RABAC UND LABIN

(**C 3**) Von Labin schlängelt sich eine Stichstraße hinunter in die von steilen, grün bewachsenen Hängen umgebene Bucht, in der sich Rabac (1350 Ew.) schon längst nicht mehr versteckthält. Aus dem ehemaligen Fischerdorf an der Ostküste hat sich ab Mitte der sechziger Jahre eines der landschaftlich besonders schönen und entsprechend beliebten Ferienzentren Istriens entwickelt. Wo, wie auf der Landzunge Sveti Andrija, zwischen Wasser und Bergen ausreichend Raum vorhanden ist, reihen sich Hotels, Villen und Campingplätze am weißen Kieselstrand. Zur Hochsaison kann man bis zu 10 000 Gäste gleichzeitig unterbringen. Terrassenförmig drängen sich kleinere Wohnhäuser auf dem Hang hinter dem Hafen. Wer hier Quartier findet, bucht den wunderbaren Blick über das Wasser zur Insel Cres gleich mit. Nicht nur die Straße (5 km), auch ein Wanderweg, der am Autocamp Oliva beginnt, verbindet Rabac mit dem mittelalterlichen Städtchen Labin, von den Römern Albona genannt.

BESICHTIGUNG

Altstadt

Der geflügelte venezianische Löwe auf dem *Stadttor* (16. Jh.) von Labin dokumentiert, wer hier seit 1420 fast vier Jahrhunderte das Sagen hatte. Durch das Tor kommt man in den ★ ältesten Teil der Stadt, der auf einem Felsenhügel (320 m) thront. Am kleinen alten *Hauptplatz* befinden sich der barocke *Palazzo Battiola-Lazzarini (Stadtmuseum)*, der *Prätorenpalast* und die *Marienkirche* (15. Jh.). Vom *Glockenturm* eröffnet sich eine wunderschöne Aussicht über das Meer und das hügelige, grüne Binnenland. Im 17. Jh. wuchs Labin über seine Verteidigungsmauern hinaus. Vor der Loggia wurde der neue Stadtplatz mit Rathaus, Läden und Bürgerhäusern angelegt. Zwischen 1785 und 1984 hat man im Raum Labin Steinkohle gefördert. Die Stollen wurden so weit vorangetrieben, daß Teile der Altstadt zeitweilig einzustürzen drohten. Deshalb, aber auch für die vielen Gastarbeiter, die hier Beschäftigung fanden, baute man am Fuße von Labin den neuen Stadtteil Podlabin.

MUSEUM

Stadtmuseum

Das Museum vermittelt in einer Abteilung die Geschichte des Kohlebergbaus in Labin und Umgebung. *Tgl. 8–15 Uhr, in der Saison bis 20 Uhr, N. Katunara 6*

RESTAURANTS

Konoba Velo kafe

Direkt am Hauptplatz in Labin. Das Lokal verteilt sich über drei

Stockwerke. Im ersten Stock befindet sich ein Café, von dessen Balkon aus man direkt auf den Platz schaut, im Kellergeschoß werden in einer rustikalen Konoba deftige Speisen aus der einheimischen Küche zu günstigen Preisen serviert. *Trg Maršala Tita 6, Tel. 052/85 52 40, Kategorie 3*

Rapčanka
Kleines, privates Restaurant oberhalb des Hafens von Rabac, in dem auf Vorbestellung delikater Hummer serviert wird. *Obala Maršala Tita 31, Tel. 052/87 27 84, Kategorie 2*

ÜBERNACHTUNG

Neptun
Ruhig gelegenes, komfortables Hotel mit Pool und Tanzterrasse an der Promenade ca. 20 Fußminuten vom Zentrum von Rabac. *376 Betten, Tel. 052/87 22 77, Fax 87 25 61, Kategorie 2*

Oliva Campingplatz
Am Ortseingang von Rabac auf teils etwas unebenem Gelände in einem lichten Olivenhain. *Tel. 052/87 22 58*

AUSKUNFT

Tourismusverband Gemeinde Labin
Titov trg 10, 52220 Labin, Tel. und Fax 052/85 51 99

ROVINJ

(A 3) ★ Am schönsten ist es, sich der mediterranen Perle an der Küste Istriens über das blaue Wasser zu nähern. Der Adria, die das Schicksal der Stadt immer bestimmt hat, zeigt Rovinj (13 000 Ew.) seine schönste Seite. Das Meer hat die Bewohner seit Urzeiten aus den reichen Fischgründen ernährt, hat der Stadt Freunde und Feinde, Reichtum und Ruin gebracht. Über das

Strand von Rabac: eingerahmt von Hängen, durch die ein Wanderweg führt

Meer kam auch die hl. Euphemia. In einer rauhen Sturmnacht verschwand sie aus Konstantinopel und wurde in der Morgendämmerung des 13. Juli 800 in ihrem weißen Marmorsarkophag von den Fischern von Rovinj am Ufer aufgefunden. Ob Legende oder nicht, die hl. Euphemia ist bis auf den heutigen Tag die Schutzpatronin der Stadt. Seit 1677 gibt sie wichtige Orientierungshilfen für den Alltag, für jedermann gut sichtbar. Vom Glockenturm, aus 60 m Höhe, zeigt sie an, woher der Wind weht. Schaut sie ins eigene Land, so wird das Wetter schlecht, schaut sie aufs Wasser, dann wird das Wetter gut.

BESICHTIGUNG

Stadtbummel

Das stark venezianisch und unübersehbar italienisch geprägte Städtchen (30 Prozent der Einwohner sind Italiener) besitzt einige vorzeigbare Fotoobjekte: am Hafen der *Rote Uhrturm,* der barocke *Balbi-Bogen* von 1680 an der Stelle des früheren Stadttors, das *Rathaus* aus dem 17. Jh. und auf dem Hügel die *Kirche der hl. Euphemia.* Von hier oben hat man einen wunderschönen Blick über das Wasser und auf die vorgelagerten 14 Inseln.

MUSEUM

Heimatmuseum

Der Palast Califfi beherbergt eine Sammlung alter Meister (15. bis 19. Jh.) und eine feste sowie eine wechselnde Ausstellung zeitgenössischer Kunst. *Di–So 10 bis 12 Uhr, im Sommer auch 20–22 Uhr, 10 Kuna, Trg Maršala Tita 11*

RESTAURANTS

Ob unten am Hafen oder in den Gassen der Altstadt, in Rovinj präsentiert sich die mediterrane Küche in vielfältiger Form.

Konoba Cantinon

Im alten, rustikalen Weinkellergewölbe am Hafen werden auch marinierte Sardellen angeboten; preiswerte, typische Hausmannskost, die man in den feineren Restaurants kaum noch findet. *Aldo Rismondo 18, Tel. 052/81 60 75, Kategorie 3*

Veli Jože

Maritime Nostalgie und heimische Gerichte (Stockfisch gebacken) findet man in dieser klassisch istrischen *konoba. Sv. Križa 8, Tel. 052/81 63 37, Kategorie 3*

ÜBERNACHTUNG

Camping Veštar

Etwa 4 km südlich von Rovinj liegt das naturbelassene Gelände mit einem abgetrennten FKK-Bereich direkt am Fels- und Kieselstrand. *Tel. 052/81 14 31*

Eden

Mitten im Park, ca. 200 m vom Felsenstrand, liegt das gut geführte Hotel. *619 Betten, Ul. Luje Adamovića, Tel. 052/81 10 88, Fax 81 13 49, Kategorie 1*

Istra

Auf der Roten Insel vor Rovinj gelegen (20 Minuten Bootsüberfahrt, Gebühr), verfügt das ruhig gelegene Hotel über viele Wassersportangebote, Tauch-, Segel-, Surf- und Tennisschule. *560 Betten, Tel. 052/81 30 55, Fax 81 34 84, Kategorie 1*

AM ABEND

Monvi
Ob Disko, Show oder Live-Musik: Tanz und Vergnügen für jedermann bietet das Unterhaltungszentrum nahe dem Hotel Eden.

AUSKUNFT

Tourismusverband Rovinj
Obala Pina Budičin 12, 52210 Rovinj, Tel. 052/81 15 66, Fax 81 60 07

ZIELE IN DER UMGEBUNG

Bale **(B 3)**
Der Ort (835 Ew.) liegt 15 km landeinwärts auf einem Hügel, umgeben von Weingärten und Olivenhainen. Die im Mittelalter festgelegte Anordnung der Gebäude in zwei konzentrischen Kreisen ist typisch für die alten Landstädtchen Istriens. Auch von der *Festungsmauer,* die den venezianischen *Palazzo Soardo-Bembo,* die *Stadtloggia* und den *Getreide-*

Ruinen von Dvigrad: Wo einst die Pest wütete, flattern bunte Schmetterlinge

speicher umschließt, sind noch Teile erhalten geblieben.

Dvigrad (B 3)

Kurz vor Kanfanar (17 km landeinwärts) biegt auf der linken Seite eine Straße zu den Ruinen von Dvigrad (ca. 3 km) ab. Um diesen stillen, verlassenen Ort ranken sich Mythen und Märchen. Ein Platz für Romantiker und ein schöner Aussichtspunkt auf die dichtbewaldeten Hänge oberhalb der Limski-Bucht. Dvigrad gründet sich auf zwei befestigte illyrische Siedlungen zu beiden Seiten des Tales, von ihren späteren Beherrschern, den Venezianern, »Duecastelli« (kroatisch: »Dvigrad«) genannt. Zwischen dem 14. und 17. Jh. geriet die Stadt immer wieder in Bedrängnis durch Überfälle der Genuesen, der Uskoken aus Senj und der Habsburger. Daß ihre Bewohner selbst arge Seeräuber waren, gehört in den Bereich der Mythen. Als 1630 die Pest wütete, verließen sie den unheilvollen Ort endgültig und übersiedelten nach Kanfanar. Die pittoresken Ruinen der Sophienkirche und der einstigen Wohnhäuser umschwärmen jetzt Bienen und Schmetterlinge, in den Fugen wächst würzig duftender Thymian.

Inseln (A 3)

Crveni Otok (Rote Insel) und *Sveta Katarina* (Katarinen-Insel) sind die beiden größten der 14 Inseln vor Rovinj. In den ruhigen, grünen Oasen bieten sich am Felsenstrand gute Bademöglichkeiten. Vom Hafen pendeln die Boote hinüber. Kamera nicht vergessen! Der Blick auf die Kulisse der Stadt ist ein lohnendes Motiv.

UMAG

(**A 2**) Am Ende der Bucht von Portorož, der Grenze zu Slowenien, beginnt am Kap Savudrija ein rund 30 km langer Küstenabschnitt dichtgedrängter Hotel-, Bungalow- und Campinganlagen mit Umag (4800 Ew.) als Mittelpunkt. Von Juni bis September pendelt eine Minibahn zwischen den Ferienzentren und dem alten Städtchen auf einer Landzunge. Am Kap Savudrija liegen die Feriensiedlungen *Kanegra* unter Kiefern am leicht zum Meer abfallenden Hang (Sportcenter, Disko, Bootsverleih, FKK-Strand) und *Savudrija* (Ferienreihenhäuser, Tennis, Minigolf, von Wald eingerahmt). Dann die weiträumige, durch einzelne Bäume aufgelockerte Feriensiedlung *Polynesia* (Apartments, Meerwasserpool, FKK-Strand in der Nähe). Diesem Komplex schließt sich der Bereich *Katoro* an. Auch hier die gleiche landschaftliche Kulisse: Wald, Bungalows, Lichtungen mit Mietwohnwagen, Parkflächen, Campingplätzen. Hier wird massenhaft billig Urlaub gemacht. Auf einer mit Pinien bestandenen Halbinsel das mit viel Grün aufgelockerte Feriendorf *Stella Maris* (Tennis, kleiner Bootshafen, Kies- und Felsenstrand, Meerwasserschwimmbad).

BESICHTIGUNG

Altstadt

Den Mittelpunkt der schon in der Römerzeit besiedelten Altstadt bildet die barocke *Pfarrkirche* aus dem Jahr 1757. Der freistehende *Glockenturm* stammt noch aus dem 15. Jh.

RESTAURANT

San Marko
Direkt am Hafen gelegen, Spezialität: *scampi busara,* gekocht in Olivenöl und Malvazija. *Brodetto* (Fischsuppe) gibt es auf Vorbestellung. *Riječka 25, Tel. 052/75 10 39, Kategorie 3*

EINKAUFEN

Am *Trg Venecije* in der Altstadt eine Reihe von kleinen Läden, die Souvenirs (die meisten allerdings aus fernöstlicher Produktion) anbieten.

ÜBERNACHTUNG

Koralj
Das Hotel liegt inmitten der Feriensiedlung Katoro, ca. 150 m vom Meer und 200 m vom Sport- und Vergnügungszentrum Katoro entfernt. Tennisanlage, Boots- und Fahrradverleih. *600 Betten, Tel. 052/74 15 14, Fax 74 10 76, Kategorie 1*

Kristal
Direkt in der Altstadt von Umag, mit einem kleinen Strand neben dem Haus. Die Zimmer sind renoviert und neu möbliert. *450 Betten, Obala J. B. Tita, Tel. und Fax 052/74 10 55, Kategorie 2*

Autocamp Ladin Gaj
Wiesengelände 8 km südlich von Umag in Lovrečica an fünf bis zehn Meter breitem Kies- und Felsenstrand. *Karigador, Tel. 052/75 63 03*

Polynesia
3 km nördlich gelegene Doppelbungalows und ein- bis zweistöckige Apartmenthäuser mit Wohnungen für drei bis sechs Personen (4-Personen-Apartment in der Hochsaison pro Woche 900 bis 1200 Mark). 16 Tennisplätze, Tischtennis, Fahrradverleih. *Katoro, Tel. 052/74 12 62, Fax 74 12 80*

Stella Maris
Ferienwohnungen in Apartmenthäusern und Bungalows, 10 bis 400 Meter zum Felsenstrand mit betonierten Badeplateaus. Bungalow für drei Personen pro Woche ca. 950 Mark in der Hauptsaison. *Savudrijska cesta, Tel. 052/74 10 51, Fax 74 15 24*

SPIEL UND SPORT

Gute Möglichkeiten für Wassersport und Tennis. In der Ferienanlage Stella Maris befindet sich außerdem ein *Center Court* mit 3500 Zuschauerplätzen, auf dem das ATP-Turnier Croatia Open ausgetragen wird. Riesenwasserrutsche im *Aqua-Park* in Katoro.

AUSKUNFT

Tourismusverband Umag
Obala J. B. Tita, 52470 Umag, Tel. 052/74 13 63, Fax 74 16 49

ZIEL IN DER UMGEBUNG

Kap Savudrija **(A 1)**
Kap Savudrija ist die westlichste Spitze Kroatiens mit einem markanten, alten *Leuchtturm* (1826). Ein interessantes Bild sind die über dem Wasser zwischen Pfählen aufgehängten Barken der Fischer.

VRSAR

(A 3) Der neue, strahlend weiße Turm der *Pfarrkirche des hl. Martin* auf dem Hügel über der Altstadt ist seit 1990 das Wahrzeichen von Vrsar (1600 Ew.). Nebenan liegt das leider völlig verfallene *Kastell Vergotini,* einst Sommersitz der Bischöfe von Poreč. Den Hügel ein paar Schritte abwärts kommt man an das kleine romanische *Stadttor* aus istrischem Eichenholz und an die *Kapelle Sveta Foška,* in der das *Heiligenhausmuseum* mit einer Sammlung sakraler Exponate untergebracht ist. Das wichtigste und wohl auch schönste Kulturdenkmal der Stadt ist die romanische *Marienkirche* (13. Jh.) auf der rechten Seite der Hafenbucht. Von hier pendeln die Taxiboote zu den 18 unbewohnten Inseln vor der Küste zwischen den Orten Vrsar und dem 3 km entfernten Funtana.

RESTAURANTS

Im Fischerdorf Funtana ballt sich die Gastronomie mit 40 Lokalen auf kleinem Raum, statistisch eines pro 15 Einwohner.

Gostionica More
Die Männer der Familie fahren noch selbst zum Fischen auf das Meer. *Ul. Antice Gasparini 3, Tel. 052/44 11 03, Kategorie 2*

ÜBERNACHTUNG

Camping Istra Naturist Funtana
Gilt als bester FKK-Campingplatz in der Umgebung, terrassenförmig auf einer Halbinsel angelegt. *Tel. 052/44 16 06*

Funtana
Im gleichnamigen Dorf schön gelegene Hotelanlage mit 476 Betten, verteilt auf fünf Häuser; dazu viele Sportangebote. *Funtana, Tel. 052/44 15 11, Fax 44 11 22, Kategorie 2*

FKK Koversada
Seit 1961 erfreut sich das Naturistenzentrum am Ende der Limski-Bucht mit Camping, Apartments, Sportanlagen, Supermarkt und Restaurants großer Beliebtheit. *Tel. 052/44 13 78*

Pineta
Auf einem bewaldeten Hügel, 500 m vom Ortszentrum, präsentiert sich das gemütliche, kleine Hotel jetzt mit jüngst renovierten, schönen Zimmern. *186 Betten, Tel. 052/44 11 31, Fax 44 11 22, Kategorie 2*

Aparthotel Riva
Am Hafen, mit schönem Blick auf die Altstadt, moderne Apartments für drei bis sechs Personen. 4-Personen-Apartment in der Hochsaison rund 100 Mark pro Tag. *186 Betten, Tel. 052/44 11 31, Fax 44 11 22*

AUSKUNFT

Tourismusverband Vrsar
R. Končara 46, 52450 Vrsar, Tel. und Fax 052/44 11 87

ZIEL IN DER UMGEBUNG

Limski-Bucht (Limski zaljev) **(A-B 3)**
Die schmale Bucht zieht sich 10 km lang, von dicht bewaldeten Hängen begleitet, ins Binnenland. Ihr Wasser bietet ideale Bedingungen für die Zucht von Austern und Miesmuscheln. Direkt vor Ort, in den beiden Restaurants am Ende der Bucht, sind Muscheln die Favoriten auf der Speisekarte.

FILIC
ZLA
92
RVIS

Noblesse und Nostalgie

In Opatija und Umgebung kurte schon vor 100 Jahren die k. u. k. Hautevolee

Aus welcher Richtung auch immer: Wer vom Festland an diese Küste kommt, muß immer erst über den Berg. Schützende Gebirgszüge umrahmen die gesamte Kvarner-Bucht. Von Nordwesten nach Südosten bescheren die Hänge von Učka, Ćićarija, Kapela und Velebit der Bucht das milde, mediterrane Klima (13,8 Grad Jahresdurchschnitt), in dem Palmen und Lorbeerbäume, Agaven, Kiwis und Zitronen prächtig gedeihen.

An der Riviera von Opatija reichen die Berge, grün bewachsen, fast bis hinunter ans Meer. An der Riviera von Crikvenica lassen die grauweißen Karsthänge einen wenige Kilometer breiten Saum fruchtbaren Bodens frei, der mit Gemüse, Weinreben und Feigenbäumen bestellt ist.

Die Region wurde im Mittelalter vom kroatischen Fürstengeschlecht der Frankopanen beherrscht. Ihre Hinterlassenschaften, Kastelle, Paläste und Türme, sind die wichtigsten historischen Sehenswürdigkeiten der Gegend. Trotz des großen Touristenaufkommens in den letzten Jahrzehnten bestätigen regelmäßige Analysen nach den Richtlinien der Europäischen Union der Kvarner-Bucht und ihren vorgelagerten Inseln eine gute Wasserqualität.

Kurz nachdem die Wiener Südbahn 1873 ihre Strecke Wien–Triest um eine Nebenlinie bis Rijeka erweitert hatte, wurden von den Österreichern die ersten Hotels in Opatija gebaut. Etwa zur gleichen Zeit finanzierten Ungarn und Tschechen elegante Domizile in Crikvenica; Kraljevica und Novi Vinodolski schlossen sich an. Vor allem als heilklimatische Winterkurorte wetteiferten Opatija und Crikvenica schon bald erfolgreich um die Gunst der höheren Gesellschaft, von Aristokratie und Geldadel bis zu Kaisern und Königen. Ein Hauch dieser alten, mondänen Welt haftet bis heute an den einst so prächtigen Belle-Époque-Villen und herrlichen Parkanlagen, die inzwischen von zweckmäßigen Herbergen für moderne T-Shirt-Touristen umstellt sind.

In Lovran blüht und grünt nicht nur der Lorbeer, der der Stadt ihren Namen gab

CRIKVENICA

(**E 3**) Zwei Kilometer lang ist der gelbe Sandstrand, der in seichtes Wasser abfällt. Ein idealer Tummelplatz für Kinder und Junggebliebene. An mehreren Stellen sind Strandvolleyballplätze eingerichtet. Dahinter verläuft der von Pinien, Lorbeer und Palmen gesäumte Promenadenweg, an dem sich Läden, Restaurants und Cafés reihen. Eine neue Marina wurde 1995 hinter dem Hotel Kaštel eingeweiht. Crikvenica (6500 Ew.) mit seinen Ortsteilen Selce und Dramalj lebt ganzjährig vom Ferien- und Kurtourismus. Ihm verdankt es sein heutiges Gesicht. Bis vor 120 Jahren siedelten nur ein paar Fischerfamilien neben der Kirche und dem Kastell an der Mündung des Baches Dubračina. Dieses Kirchlein, im Dialekt »crikva«, gab dem Städtchen seinen Namen. An die Kirchenmauer bauten die Frankopanen im 15. Jh. ein Kastell, das sich heute als Hotel bei denen großer Beliebtheit erfreut, die sich vom Glockengeläut nicht gestört fühlen. Amtlich wurde Crikvenica 1906 zum klimatischen Heil- und Seebad erklärt. Zu dieser Zeit war das Hotel Therapia, einst die Nobelherberge gekrönter Häupter aus Griechenland, Schweden oder Bulgarien, bereits über zehn Jahre alt.

RESTAURANTS

Burin

Nettes, kleines Bistro mit maritimen Symbolfiguren aus Gips an den weißen Wänden. Spezialität: Risotto Crikvenica mit *calamari. Ul. dr. Ivana Kostrenčića 10a, Tel. 051/78 26 12, Kategorie 2*

Moslavina

Auf einheimische Art zubereitete Meeresspezialitäten wie Scampi am Rost. *Ul. Braće dr. Sobol 9, Tel. 051/78 34 56, Kategorie 2*

EINKAUFEN

Getrocknete Feigen, frisches Obst und Gemüse, Tand und Trödel findet man vor und in den *Markthallen (tgl. geöffnet)* an der *Vinodolska ul.*

MARCO POLO TIPS FÜR DAS FESTLAND DER KVARNER-BUCHT

1 Opatija
Hier promenierte und kurte die Hautevolee schon vor 100 Jahren (Seite 67)

2 Mošćenice
Der Ort hängt wie ein Adlerhorst hoch über dem Meer (Seite 66)

3 Nehaj
Die gut erhaltene Festung der geliebten und gefürchteten Uskoken – ihretwegen kam es 1615 zum Krieg zwischen Venedig und Österreich – ist ein legendenumwobener Ort (Seite 65)

Das Aus der Kokerei eröffnet dem einst prächtigen Bakar neue alte Perspektiven

ÜBERNACHTUNG

Crikvenica wartet mit einem reichhaltigen Angebot auf, alle Kategorie 2 oder 3, außerdem Privatzimmer und Apartments.

Camping Kačjak
Zu der Anlage gehören auch einige Bungalows. *Dramalj, Tel. 051/78 64 44, Fax 78 62 62*

Kaštel
Zum Hotel umgebautes ehemaliges Kastell, direkt am Strand und nahe dem Ortszentrum. *160 Betten, Tel. 051/24 10 44, Fax 24 14 90, Kategorie 2*

Therapia
Nostalgisches k.u.k. Ambiente findet man in dem von Parkanlagen umgebenen, ältesten Hotel der Stadt. *220 Betten, Tel. 051/ 24 15 11, Fax 24 16 12, Kategorie 2*

AM ABEND

Der *Trg Stjepana Radića* mit seinen Bistros, Kneipen und der Disko Phoenix im Hotel International ist immer ein Treffpunkt. Im Sommer alle vier Tage Showprogramm auf der Freilichtbühne. Die Hotels Therapia und Esplanade verfügen über schöne *Tanzterrassen.*

AUSKUNFT

Tourismusverband Crikvenica
Trg Stjepana Radića 1, 51260 Crikvenica, Tel. 051/24 10 51, Fax 24 11 51

ZIELE IN DER UMGEBUNG

Bakar **(D 2–3)**
Hinter Rijeka schlängelt sich die Küstenstraße hoch über dem Meer um die einem Fjord ähnliche Bucht von Bakar. An ihrem Ende liegt, wie von der Umwelt abgeschnitten, das malerische Städtchen Bakar. Über den einst so prächtigen alten Häusern aus den letzten beiden Jahrhunderten, Ausdruck des Wohlstandes der Reeder, Handelsleute und Kapitäne dieser Zeit, liegt ein

schwarzer Schatten. 1972 baute der jugoslawische Staat eine Kokerei in die Bucht, direkt vor die Stadt. Seit 1994 ist die Dreckschleuder stillgelegt, bis 1997 soll sie vollständig abgebaut sein. Bakar kann aufatmen und wird künftig sicher wieder viele Besucher anlocken können. Für den Ort ist das lebensnotwendig, denn das Ende der Kokerei war das Aus für 500 Arbeitsplätze.

Kraljevica **(D 3)**

Wie Bakar und Omišalj auf Krk gehört auch Kraljevica zur Industriezone von Rijeka. Tito hat der Stadt, in deren Werft er in den zwanziger Jahren als junger Schlosser am Schraubstock stand, einen schlechten Dienst erwiesen, als er ihr 1968 eine Ölraffinerie vor die Nase setzte – gerade zu einer Zeit, als der Tourismus wieder prächtig angelaufen war und jeder im Städtchen von den Fremden profitierte. 1896 wurde Kraljevica in Wien erstmals als Badeort prämiert, 1901 baute ein Österreicher das erste Hotel. Als geradezu revolutionär galt die erste Mißwahl im Jahr 1925. Die Zeiten der melancholischen Erinnerung sollen nun endlich vorbei sein. Kraljevica will wieder an seine touristische Vergangenheit anknüpfen. Dem schön bewaldeten *Campingplatz Oštro (Tel. 051/28 14 04)* sind die Stammgäste sowieso treu geblieben. Wenn das alte *Frankopanenkastell* (17. Jh., italienische Renaissance) erst renoviert ist, dann hat man auch wieder einen würdigen Rahmen für kulturelle Veranstaltungen.

Novi Vinodolski **(E 3)**

Dicht gedrängt wachsen die Häuser der Altstadt den Hügel empor. Über ihren roten Dächern erhebt sich der 36 m hohe, schneeweiße *Glockenturm* der Kirche Sveti Filip i Jakov neben dem Hauptplatz. Der quadratische Turm gegenüber (im zweiten Stock das *Volksmuseum*) ist ein Rest des alten Frankopanenkastells, einst Mittelpunkt des Fürstentums Vinodol. Hier wurde im Jahre 1288 das »Vinodoler Gesetzbuch« (28 Seiten in glagolitischer Schrift) verabschiedet. Im ältesten mitteleuropäischen Dokument dieser Art ist der Rechtsrahmen zwischen Feudalherren und Bauern festgelegt. Das Original befindet sich heute in Zagreb. Die Geschichte von Novi Vinodolski ist von Brandschatzungen und Plünderungen durch seine vielfältigen »Besucher« vom Meer und vom Land geprägt. In durchaus friedlicher Absicht kamen dagegen vor 100 Jahren die ersten Gäste in das Hotel Lišanj. Und weil es mit der Zeit immer mehr wurden, die am seicht abfallenden Sandstrand Gefallen fanden, ist hier inzwischen eine breite touristische Infrastruktur aus Hotels, Privatquartieren, Camping, Gastronomie und Unterhaltung entstanden. *Auskunft: Tourismusverband, Kralja Tomislava 6, 51250 Novi Vinodolski, Tel. und Fax 051/24 43 06*

Senj **(E 4)**

Eile mit Weile. Spätestens am frühen Vormittag sind die Tische der Cafés und Buffets vor dem Hafen, am ✪ *Trg oslobodjenja*, dem Platz der Freiheit, meist von einheimischen Männern besetzt. Die stürmischen Böen der Bora könnten sie im Winter vielleicht vertreiben. Den Staub und Dreck in der Stadt wehen die frischen Winde aber nur von einer Ecke

Nehaj: Trutzburg edelmütiger Helden oder Räubernest verwegener Piraten?

in die andere. Während man in allen anderen Orten der Kvarner-Bucht mit optimistischem Blick in die Zukunft längst den Besen schwingt, verrottet Senj weiter still vor sich hin. Trotz alledem sollte man unbedingt zumindest einen kurzen Aufenthalt einplanen.

Auf einer Anhöhe neben der Stadt liegt die von wilden Grünflächen umgebene, vollständig erhaltene ★ *Uskokenfestung Nehaj* (»Fürchte nichts«) aus dem 16. Jh. Um die Uskoken, Kroaten und Serben, die sich allesamt zur katholischen Kirche bekannten, ranken sich Mythen und Sagen. Vor den Osmanen waren sie aus ihrer Heimat geflüchtet und unternahmen von Nehaj aus immer wieder Einfälle in das besetzte Gebiet. Da ihre Schiffe auch den venezianischen Handel empfindlich störten, kam es 1615–17 zum Krieg, nach dem sich Österreich verpflichten mußte, die Uskoken in den Habsburger Militärbereich umzusiedeln. Waren sie mutige Helden oder verwegene Piraten und Raubritter? Das *Museum (Mai–Okt. tgl. 9–14 Uhr, Juli und Aug. außerdem 18–21 Uhr)* in der restaurierten Festung verwahrt alte Schriftstücke, schwere Kanonen, leichte Waffen und Kleidung der Uskoken, aber die Antwort verrät es nicht.

LOVRAN

(**D 2**) Gemeinsam mit Kastanien und Kiefern begrünen üppige Lorbeerbäume die Stadt (3500 Ew.) und ihre Umgebung bis hoch hinauf auf die Hänge des Učka-Massivs – Lovran heißt auf deutsch Lorbeer. Mücken meiden den Lorbeer. Überall, wo die Blätter ihren würzigen Duft verbreiten, ist man vor den Plagegeistern sicher. Überlieferungen berichten, daß Lovran schon zu Zeiten der Römer eine Sommerresidenz war. Im Mittelalter blühten hier Schiffahrt und Handel.

BESICHTIGUNG

Altstadt

Rund um die engen, schattigen Gassen der Altstadt sind noch Reste der alten Stadtmauer erhalten geblieben. Durch das *Stadttor* kommt man auf den Hauptplatz der Stadt mit der von Fresken geschmückten romanischen *Pfarrkirche.* Die gegenüberliegenden Hausfassaden zieren prächtige barocke Portale und kunstvolle Fensterrahmungen.

RESTAURANT

Im Herbst bereichern Spezialitäten aus Eßkastanien die von Meeresfrüchten und Grillgerichten beherrschten Speisekarten, vor allem Ende Oktober, zur Zeit der *marunada,* des zweiwöchigen Kastanienfestes.

Knezgrad
Heimische Küche in ruhiger Lage neben einem Park, keine Musik. *Trg slobode 12, Tel. 051/ 29 18 38, Kategorie 3*

HOTELS

Bristol
Das Haus im Stil der Belle Époque ist von Grünanlagen umgeben und liegt direkt am Meer. *197 Betten, Maršala Tita 27, Tel. 051/29 10 22, Fax 29 20 49, Kategorie 2*

Excelsior
1986 erbautes Haus der Luxusklasse mit Swimmingpool und Hallenbad nahe dem Ortszentrum und dem Felsenstrand mit Betonplateaus. Am Abend Unterhaltung in der Bijou-Bar. *Maršala Tita 15, Tel. 051/29 22 33, Fax 29 19 89, Kategorie 1*

AUSKUNFT

Touristinformation Lovran
Maršala Tita 68, 51415 Lovran, Tel. und Fax 051/29 17 40

ZIELE IN DER UMGEBUNG

Ika **(D 2)**
Kleiner Fischerort mit einer renommierten Hotelfachschule in der Gemeinde Lovran. Empfehlenswerte Unterkunft und ein Restaurant findet man im renovierten *Privathotel Ika (35 Betten, Tel. 051/29 17 77, Fax 29 20 44, Kategorie 2)* unmittelbar am Kieselstrand des Orts.

Medveja **(D 3)**
Die beiden schönen Badebuchten mit ihren Kieselstränden sind von einem üppigen Pinienwald gesäumt. Dahinter liegt der *Campingplatz von Medveja (Tel. 051/ 29 11 91). Tauchbasen* sind in den Villen Susmel und Castello stationiert. *Touristinformation Tel. 051/29 12 96*

Mošćenička Draga **(D 3)**
Hinter den Kulissen des pittoresken Fischerortes (500 Ew.) am Fuße der grünen Steilhänge des Učka-Gebirges beherbergen zwei Hotels, Villen und der Campingplatz ihre Stammgäste, die es immer wieder an die Kieselbucht mit dem freundlichen Ambiente zieht. Oberhalb davon, auf 180 m, thront wie ein Adlerhorst das viel ältere Städtchen ★ *Mošćenice,* schon wegen der schönen Aussicht von der Terrasse des *Restaurants Perun (Tel. 051/73 75 15, Kategorie 3)* ein lohnendes Ziel. Wer den schattigen Weg über die 745 Stufen scheut, kann die Straße wählen. Zum *ethnographischen Museum (Di–So 10–17 Uhr)* neben dem Stadttor gehört die 400 Jahre alte Olivenölpresse *(toš),* in der noch bis vor 20 Jahren gearbeitet wurde. *Touristinformation Tel. 051/ 73 75 33, Fax 73 75 84*

OPATIJA

(**D 2**) ★ Ein Spaziergang auf dem *lungomare,* der 12 km langen Uferpromenade, und ein Espresso in Opatija (10 000 Ew.), dann sieht die Welt gleich wieder viel schöner aus – dieses Rezept, aus dem grauen Alltag für ein paar Stunden in das Flair der Belle Époque zu entfliehen, befolgen die Einheimischen der Umgebung an den Wochenenden zu Tausenden. Das Auto sollte an diesen Tagen unbedingt stehenbleiben, man wird bis in den späten Abend garantiert keinen neuen Platz dafür finden.

Um die Jahrhundertwende lagen Verkehrslärm und verstopfte Straßen noch in ferner Zukunft. Seinerzeit war der liebliche Ort als internationaler Kurtreff allein der elitären Gesellschaft des Adels und der Hochfinanz vorbehalten. Schon damals promenierten sie auf dem *lungomare* bis nach Lovran, um die feinen, heilsamen Salzpartikel zu atmen, die von der Brandung gegen die Felsenküste hochgewirbelt werden. Die betonierten Platten, auf denen sich heute die Sonnenanbeter dicht an dicht drängen, sind eine Errungenschaft des modernen Tourismus.

BESICHTIGUNG

Villa Angiolina
Die Villa, vom Kaufmann Iginio Scarpa aus Rijeka 1844 als Feriendomizil gebaut, gilt als die Urzelle des Tourismus in Opatija. Österreichs Kaiserin Maria Anna, 1860 hier zu Gast, überzeugte sich selbst vom günstigen Klima in Opatija (milde Winter, gemäßigte Sommer, üppiges Grün durch ergiebige Niederschläge). Im Gebäude, von einem herrlichen Park mit mediterranen Gewächsen umgeben, ist heute die Kurverwaltung untergebracht. *Park 1. maja 8*

RESTAURANTS

Amfora
Gepflegtes Fischrestaurant im Stadtteil Volosko. *Črnikovica, Tel. 051/27 16 93, Kategorie 1*

Bevanda
Topadresse mit entsprechenden Preisen, ebenfalls im Stadtteil Vo-

Opatija: Auf dem lungomare lustwandelte schon die Schickeria von Anno dazumal

losko. *Maršala Tita 62, Tel. 051/ 27 10 19, Kategorie 1*

Lovor
Gemütliches Gasthaus im Zentrum von Opatija. *Maršala Tita 160, Tel. 051/27 11 70, Kategorie 2*

HOTELS

Alte Hotelpaläste konkurrieren mit modernen Gebäuden, Privatzimmern und Apartments.

Ambasador
Moderner Hotelklotz der Luxusklasse am Meer mit Pool und Hallenbad. *541 Betten, Tel. 051/ 27 12 11, Fax 27 17 72, Kategorie 1*

Kvarner-Amalia
Nobelherberge aus k.u.k. Zeiten, ebenfalls direkt am Meer. *162 Betten, Tel. 051/27 12 33, Fax 27 12 02, Kategorie 1*

Villa Vranješ
Terrassenförmig angelegtes Privathotel mit Pool und Tennisplatz oberhalb des Ortes. Gute Küche. *40 Betten, Antuna Mikića, Tel. 051/71 15 40, Fax 27 21 30, Kategorie 3*

SPIEL UND SPORT

Tennisplätze und Segelschule im Adriatic Club, Surfen in der Bucht von Preluk, Drachenflüge vom Berg Vojak.

AM ABEND

Freilichtbühne und Freilichtkino im Sommer im Park der *Villa Angiolina.* Spielkasino im *Fortuna Club des Grand Hotel Adriatic.* Szenetreff: *Disko Palladium, Riječka cesta 6, im Stadtteil Volosko.*

AUSKUNFT

Touristinformation Opatija
Ul. Maršala Tita 183, 51410 Opatija, Tel. 051/27 13 10, Fax 71 22 90

ZIELE IN DER UMGEBUNG

Ičići **(D 2)**
Aus der einstigen kleinen Fischersiedlung der Bewohner von Veprinac ist ein touristischer Ort erwachsen. 300 Boote finden in der modernen *Marina* Platz. Ihr Restaurant *Commodore (Maršala Tita, Tel. 051/27 17 45, Kategorie 2)* ist bekannt für seine ausgezeichnete Küche.

Vojak/Učka **(C 2)**
Von Ičići schlängelt sich die Straße über Veprinac auf die Höhen des Učka-Gebirges. Unterhalb seines höchsten Gipfels, des Vojak (1396 m), befindet sich das *Hotel Ina Učka (70 Betten, Tel. 051/71 21 44, Fax 71 29 95, Kategorie 2),* Ausgangspunkt für leichte Bergwanderungen durch unbesiedeltes, teils dicht bewaldetes Gebiet.

RIJEKA

(D 2) Großstadtatmosphäre kennzeichnet das geschäftige Rijeka (160 000 Ew.) schon aufgrund seines internationalen Hafens, vieler Reedereiagenturen, Handelshäuser, Banken, Läden und Kaufhäuser. Ihr Potential will Kroatiens wichtigste Hafenstadt mit dem geplanten neuen World Trade Center im Stadtteil Pećine noch erweitern – Rijekas Partnerstadt ist Kawasaki in Japan. Schon die Römer unterhielten hier einen Militärstützpunkt, auf dessen Mauern die eingewanderten Kroaten im 8. Jh. die Festung Trsat bauten.

BESICHTIGUNG

Altstadt

An der Hafenstraße *Riva* findet man meistens einen Parkplatz (kostenpflichtig). Sie verläuft parallel zur autofreien Hauptgeschäftsstraße *Korzo.* Etwa in der Mitte liegt links der *Uhrturm.* Durch seinen Torbogen kommen Sie zum *Alten Rathaus* aus dem 16. Jh., das die Gasse *Užarska* mit dem *Dom* (13. Jh., später barockisiert) verbindet. Mit gelben Schildern sind alle kulturellen Sehenswürdigkeiten der Stadt als Rundgang markiert (Plan in der Touristinformation). Von der *Rječina-Brücke* führen 561 Treppenstufen, ein alter *Pilgerweg* mit Blick über die Dächer von Rijeka, hinauf zur *Wallfahrtskirche Sveta Marija* und zur *Festung Trsat.*

MUSEUM

Historisches und Schiffahrtsmuseum

Das Museum in den Räumen des ehemaligen Gouverneurspalastes, ein Neorenaissancebau von 1893, liegt im Vladimir-Nazor-Park und vermittelt mit seinen Schiffsmodellen und Bildern, archäologischen Funden und neuzeitlichen Kunstgegenständen einen Eindruck von der historischen Entwicklung Rijekas und seiner Umgebung. *So–Fr 9 bis 14 Uhr, Sa 9–13 Uhr, 10 Kuna, Žrtava fašizma 18*

RESTAURANTS

Viele der alten Lagerhäuser in den ruhig gelegenen, engen Gassen südlich der Užarska sind seit kurzem zu gemütlichen, kleinen Bistros und Cafés umgebaut.

EINKAUFEN

Der bunt emaillierte *morčić* (Mohrenkopf) auf goldenen Kettchen, Ohrringen oder Manschettenknöpfen ist die Symbolfigur von Rijeka. Goldschmied Antoni Gjon fertigt ihn nach alten Mustern und beliefert damit die Juweliere der Stadt. Für das leibliche Wohl wird in den schönen, alten *Markthallen* an der Südseite des Hafens gesorgt.

AUSKUNFT

Touristinformation

Užarska 14, 51000 Rijeka, Tel. und Fax 051/33 58 82

ZIEL IN DER UMGEBUNG

Kastav **(D 2)**

Bei Matulji, ca. 12 km Richtung Triest, zweigt die Straße nach Kastav ab. Der mittelalterliche Ort (900 Ew.), von alten Festungsmauern umgeben, liegt auf einem steilen Hügel. Durch enge, winklige Gassen kommt man vom Stadttor zum *Lokvine-Platz.* Die *Zisterne* in seiner Mitte trägt eine steinerne Inschrift, die dokumentiert, daß die Bürger im Jahre 1666 auf richterlichen Beschluß den Kapitän Morelli hier ertränkt haben. Er hatte ungesetzliche Abgaben gefordert. Vom Vorplatz der *Barockkirche Sveta Jelena* hat man einen wunderschönen Ausblick zu den Inseln Krk und Cres. Junger Wein wird am ersten Oktobersonntag auf dem beliebten Volksfest *Bijela nedelja* ausgeschenkt.

Juwelen zwischen Nordpol und Äquator

Rummel und Romantik, Ausblicke in die Natur und Einblicke in die Vergangenheit

Seine faszinierende Schönheit und den Wert des Rohdiamanten erkennt nur der Fachmann, der in den Stein eindringt und ihn sorgsam aus der grauen Hülle schält. Ein Gedanke, der einem kommen mag, wenn man den Einstieg in die Kvarner-Inselwelt gefunden hat. Denn vom Festland der Ostküste Istriens oder der Kvarner-Bucht aus in Augenschein genommen, zeigen sich Cres, Lošinj, Krk und Rab dem Betrachter allesamt von ihrer spröden Seite. Unnahbar, wie Schutzschilde, die aus der blauen Adria erwachsen, sind nackte, bizarre Felsenklippen, Steinwüsten und mit grüner Macchia dicht bewachsene, karstige Hänge gegen den Kontinent gekehrt. Das Salz, die gefürchteten Winterstürme der Bora und die sengende Sommersonne haben dieses unwirtliche Antlitz geschaffen. Wer jedoch den Schritt über das Wasser wagt, den wird jede dieser kleinen Inselwelten am 45. Breitengrad, genau in der Mitte zwischen Nordpol und Äquator, auf ihre ganz persönliche und unverwechselbare Art belohnen.

Das herbe, rauhe Cres und das heitere, grüne Lošinj sind vom Charakter her fast gegensätzlich anmutende Schwestern, die sich fest an der Hand halten. In der überwiegend kargen, dünnbesiedelten Wildnis von Cres (404 qkm) blühen die Reize im verborgenen und wollen entdeckt werden. Das mit 75 qkm viel kleinere Lošinj besticht den Reisenden hingegen gleich auf den ersten Blick mit einer üppig gedeihenden Vegetation, die bis an das Wasser seiner stark zerklüfteten Küste reicht. Ursprünglich waren Cres und Lošinj eine Insel, in der Antike Apsyrtides genannt. Gemeinsam sind sie knapp 100 km lang und an manchen Stellen kaum mehr als 2 km breit. Aus der Römerzeit stammt der auch heute nur 6 m breite und 3 m

Traumplatz für Träumer: die Bucht Čikat auf Lošinj

tiefe Kanal zwischen den beiden Inseln bei Osor, den eine Drehbrücke überspannt.

Krk ist mit einer Fläche von 410 qkm die größte Insel in der Adria. Pedanten werden darauf hinweisen, daß Krk schon seit 1980 über die 1300 m lange Krčki most (Krk-Brücke, früher Tito-Brücke) mit dem Kontinent fest verbunden ist und damit genaugenommen jetzt eine Halbinsel sei.

Rab schließlich, die südlichste der vier großen in der Kvarner-Bucht gelegenen Inseln, sehr grün und besonders sonnenverwöhnt, erstreckt sich auf 22 km Länge in Nord-Süd-Richtung und bis zu 10 km Breite in Ost-West-Richtung. Die 9600 Bewohner leben fast ausschließlich vom Tourismus. Selbst im Winter ist das Klima mit einer durchschnittlichen Temperatur von zehn Grad noch angenehm mild. Die Sommer sind heiß, im Tagesdurchschnitt über 23 Grad. Die sanfte Meeresbrise des Maestral bringt dann willkommene Erfrischung.

CRES

(**D 3–6**) Wo der Gänsegeier aus schroffen, grauen Felswänden seinen Nachwuchs in das freie Revier entläßt, wo genügsame Schafe sich an spärlich aus der Steinwüste sprießenden Kräutern laben, wo sich vom Wind gepeitschte, knorrige Olivenbäume und niedrige Rebstöcke neigen, da muß der Mensch sein Auskommen als Fischer oder Bauer der Natur schwer abringen – oder er verläßt den ungemütlichen Ort. Ganze Dörfer sind auf Cres verödet. In anderen leben nur noch vereinzelt alte Leute. Den Rest der einst mühselig erbauten Häuser ruiniert die fortschreitende Zeit erbarmungslos. Wer aber als Urlauber einmal den Zugang zu dieser bescheidenen Insel und ihren freundlichen Bewohnern gefunden hat, der bleibt ihr lange treu.

Vom Nord- bis zum Südkap mißt Cres 68 km. Die wichtigsten Orte auf Cres (3100 Ew.) sind Beli im Norden, die Inselhauptstadt Cres, Orlec, Valun, Lubenice und Martinšćica in der Mitte sowie Osor im Süden. Ein Naturwunder, das der Wissenschaft bis heute Rätsel aufgibt, ist der von unterirdischen Quellen gespeiste, 74,5 m tiefe Süßwassersee Vransko jezero, dessen tiefster Punkt 61 m unter dem Meeresspiegel liegt. Er versorgt Cres und Lošinj mit Trinkwasser und ist daher für Besucher gesperrt.

Wer das Naturerlebnis in der Abgeschiedenheit sucht, der sollte zu Fuß den alten Dorfverbindungswegen folgen, die einen manchmal nur an verlassene Plätze mit halbverfallenen Häusern führen. In den Wäldern im Norden breiten sich Eichen, Buchen und Kastanien aus. Zum Süden hin findet man eine mediterrane Flora mit immergrünen Gewächsen wie Steineichen oder Pinien. In der Steinlandschaft umschwärmen Bienen und Schmetterlinge den duftenden Salbeistrauch. Auch in den Ortschaften gibt es einiges zu entdecken.

Wo sich der Tourismus konzentriert (Cres, Valun, Martinšćica, Osor), besteht ein nicht gerade breites, aber ausreichendes Angebot an Restaurants, Pizzerias und einfachen Gaststätten. In den Dörfern kann man froh sein, wenn die einzige Dorfkneipe geöffnet hat. Doch wo Mutter noch selbst am Herd steht, wird meist gut und landestypisch gekocht. Cres ist berühmt für seine Lammgerichte. Es gibt auf der Insel nur zwei richtige Hotels und eine leicht überschaubare Zahl an kleinen Pensionen, Ferienwohnungen und Privatunterkünften an touristischen Plätzen, die im Sommer oft schon monatelang im voraus ausgebucht sind. Am leichtesten findet man in den Autocamps eine Bleibe.

ORTE AUF CRES

Beli **(D 3)**
Einsam thront der Ort (44 Ew.) auf einem Hügel, der zur Meerseite, zum kleinen Hafen und Strand *Podbeli,* 130 m steil abfällt. Von der mittelalterlichen Stadtmauer sind noch Reste erhalten, und wer durch die engen Gassen schlendert, entdeckt glagolitische Inschriften an Hauswänden und in der Pfarrkirche. Eine *Brücke* aus der Römerzeit befindet sich hinter dem einzigen Gasthaus am Ort, der *Gostionica Beli (Tel.*

MARCO POLO TIPS FÜR DIE INSELN DER KVARNER-BUCHT

1. **Veli Lošinj**
Das winzige Hafenbecken ist ein Platz für Romantiker (Seite 83)

2. **Valun**
Schönster Ferienort, den die Insel Cres zu bieten hat (Seite 76)

3. **Lubenice**
Der Weg in das uralte, fast verlassene Städtchen hoch über dem Meer lohnt sich schon wegen der herrlichen Aussicht, die einen erwartet (Seite 74)

4. **Osor**
Auf dem Hauptplatz begegnen sich mediterrane Kulturgeschichte und moderne Kunst (Seite 75)

5. **Baldarin**
Camping im Pinienwald an schönen Stränden im Süden von Cres (Seite 76)

6. **Unije**
Ein Inselchen für Naturfreunde und Individualisten (Seite 84)

7. **Stadt Krk**
In engen Gassen schlummert die Vergangenheit (Seite 78)

8. **Košljun**
Franziskanermönche pflegen noch immer ihr botanisches Paradiesgärtchen und hüten die alten Kulturschätze (Seite 81)

9. **Rivica in Njivice**
Beste Adresse auf Krk für die Freunde kulinarischer Genüsse (Seite 80)

10. **Stadt Rab**
Zwischen dem Hafen und den vier Kirchen liegt die gute Stube der alten, mediterranen Welt (Seite 85)

051/84 05 15, Kategorie 3) am Eingang zur Stadt: eine gemütliche Dorfgaststätte (frische Meeresspezialitäten), die auch drei einfache, saubere Doppelzimmer vermietet. Im wissenschaftlich-ökologischen *Zentrum Caput Insulae* ist die ständige Ausstellung über Gänsegeier und Delphine im Juli und August geöffnet. Unterhalb von Beli bietet das Autocamp *Brajdi (Tel. 051/84 05 22)* 300 Stellplätze unter Olivenbäumen; romantische Lage, aber sehr einfache sanitäre Einrichtungen. Beli kann man gut als Ausgangspunkt für Wanderungen im Norden der Insel wählen.

Cres **(D 4)**
Alte Paläste und Bürgerhäuser, venezianisch geprägt, enge Gassen und Tore, dann steht man plötzlich bei den Bauersfrauen mit ihrem Gemüse vor der Stadtloggia: Ein Bummel durch den alten Teil der Inselhauptstadt Cres (2250 Ew.) begeistert Romantiker. Im *Stadtmuseum* von Cres *(tgl. 18–21 Uhr, 10 Kuna)* im Palast Arsan sind Amphoren aus dem 2. Jh. v. Chr. ausgestellt, außerdem Dekorationsfragmente und Inschriften aus der Antike. In den Cafés und Restaurants am Hafen treffen sich die Einheimischen zur täglichen Espressopause. Vor der Loggia verkaufen die Bauern täglich bis zum Mittag frisches Obst und Gemüse. Getrocknete Feigen, Salbeihonig und Olivenöl sind die besonderen Spezialitäten der Insel. Die *Galerie Griffon (Palada 1)* verkauft kroatisches Kunsthandwerk und Keramik aus der Werkstatt von Jadranka Vuksanović.

Über einen Promenadenweg erreicht man in wenigen Gehminuten den schönen Kieselbadestrand von Cres. Das Hotel *Kimen (400 Betten, Tel. 051/57 11 61, Fax 57 11 63, Kategorie 2)* mit Tennisplätzen, Minigolf und Tanzterrasse liegt direkt am Strand. Die 950 Stellplätze des *Autocamps Kovačine (Tel. 051/57 14 23)* befinden sich auf einem Gelände mit Olivenbäumen am Strand der Stadt Cres, teils FKK.

Loznati **(D 4)**
Die *Konoba Bukaleta (Tel. 051/ 57 16 06, Kategorie 3)*, 6 km von Cres in Richtung Osor in Loznati, ist ein Treffpunkt der Skipper aus der Marina von Cres. Spezialitäten: Lammbraten, Bratkartoffeln, selbstgebackenes Brot, hausgemachter Wein und Schnaps.

Lubenice **(D 4)**
★ Seit über 4000 Jahren ist dieser malerische Ort, 378 m steil über dem Meer, schon bewohnt. Der kurvenreiche Weg durch die karge Steinlandschaft lohnt sich. Man wird mit einem herrlichen Blick über das Wasser belohnt. Bei Schafskäse, Schinken und Wein kann man im *Buffet Lubenička Loža (kein Tel., Kategorie 3)* die wunderbare Aussicht auf das Meer genießen. Lammgerichte gibt es auf Vorbestellung.

Heute leben zwischen Marktplatz, Glockenturm und der gotischen St.-Antonius-Kirche nur noch 37 Menschen, der jüngste ist 55 Jahre alt. Die Schule und auch der Laden sind längst geschlossen. Seit 1994 haben fast alle hier ein Telefon. »Das ist wichtiger als das Fernsehen«, sagen die Leute, die schon längst nicht mehr den steilen Weg zum Fischen im Meer gehen. Unten liegt ein herrlicher *Badestrand*, et-

Lubenice: bei Käse und Wein den Blick und die Gedanken schweifen lassen

was südlich davon, in der Bucht Žanja, die *Blaue Grotte.*

Martinšćica **(D 5)**
Mit Ferienwohnungen, Privatzimmern, zwei neuen Campingplätzen sowie Läden und Restaurants an einem langen Kieselstrand wandelt sich die Fischersiedlung (190 Ew.) langsam in einen touristischen Ort. Wie die gesamte Bucht ist er benannt nach der mittelalterlichen *Kirche des hl. Martin.* In der Nähe befinden sich das im 16. Jh. gegründete *Franziskanerkloster* und die *Kirche des hl. Hieronymus.* Wenn man südlich von Martinšćica, in Štivan, den steilen Weg zum Meer hinunterfährt, kommt man an eine schöne, wenig besuchte *Badestelle* mit Stein- und Kieselstrand.

Orlec **(D 4)**
Von der steilen Felsenküste etwa 2 km entfernt, leben die Menschen im Ort (150 Ew.) seit alters von der Schafzucht. Der Name kommt von *orel* (»Adler«), gemeint ist jedoch der Gänsegeier. In der Nähe befindet sich auch heute noch eine streng geschützte Brutkolonie der selten gewordenen Aasfresser, der geschätzten »Polizisten«, zu deren Beute auch kranke und schwache Schafe zählen. Mit etwas Glück kann man die riesigen Vögel mit einer Flügelspannweite von bis zu 2,50 m am Morgen und am Abend am Himmel kreisen sehen. Etwa 60 Paare brüten im Archipel von Cres. Anton Kučica pflegt Vögel, die in Not geraten sind, bis zur Genesung im Gehege. »Miki« ist ein Dauergast, der sich durch Besucher nicht stören läßt. *Bitte nur mit Führer, Tel. 051/57 52 55*

Osor **(D 5)**
★ Wo sich Cres und Lošinj begegnen, liegt Osor (70 Ew.). Von der einstigen Bedeutung der Ansiedlung, seit der Antike bis ins 15. Jh. einer der wichtigsten Häfen in der Kvarner-Bucht, künden der *Dom* aus dem 15. Jh. sowie der vom *Bischofspalast* und Bürgerhäusern eingerahmte Vorplatz der Kirche. Ein Ort, dessen Kulisse dem klassischen Konzertreigen der *Musikabende von Osor (Juli und Aug.)* einen stilvollen Rahmen beschert. Zur Musik hat sich die Kunst der Bildhauer ge-

sellt: Vom berühmtesten kroatischen Vertreter der Zunft, Ivan Meštrović, stammt die Plastik »Ferne Akkorde« vor der Basilika. Weitere Werke in Nischen und Mauervorsprüngen begleiten den Besucher auf seinem Weg. Das *Archäologische Museum (im Sommer tgl. 9–14 und 18 bis 22 Uhr, 10 Kuna)* im ehemaligen Rathaus verwahrt nun die glorreiche Historie der Stadt, vor allem archäologische Funde. Das *Buffet Osor (Osor 32, Tel. 051/23 71 67, Kategorie 2)* hat eine gemütliche Terrasse neben dem Gemüsegarten, in dem der Koch die frischen Kräuter erntet.

Punta Križa (D 6)

Von Osor zweigt die Straße durch ein mit Steineichen dicht bewaldetes Gebiet nach Punta Križa ab. Gute Bademöglichkeiten hat man in der 2 km entfernten Bucht von *Baldarin.* Hier finden Sie das schöne ★ *Autocamp Baldarin (Tel. 051/23 56 46)* mit 500 Stellplätzen unter Pinien und Steineichen, zwei Drittel FKK. In diesem Gebiet gibt es außerdem eine große Anzahl einsamer Badebuchten, die man aber nur mit dem Boot erreichen kann.

Valun (D 4)

★ Von zartgrünem Wasser umspült und von weißen Kieselstränden gesäumt, wirkt Valun (68 Ew.) wie ein Ort aus dem Bilderbuch. Die Straße endet oberhalb des Ortes auf einem Parkplatz im Schatten der Olivenbäume. Camper finden 100 m weiter einen einfachen Zeltplatz, der sich von Wohnwagen und Wohnmobilen nicht erreichen läßt. Im Sommer sind Privatzimmer und Ferienwohnungen von meist italienischen Stammgästen belegt. Auf dem kleinen Platz am Uferkai treffen sich abends Einheimische und Urlauber, schauen den Fischern im Hafen und den in der Bucht vor Anker gehenden Booten zu und genießen das Leben. Die alte Ölmühle ist zum *Restaurant Toš Juna (Tel. 051/53 50 50, Kategorie 3)* umgebaut worden. Nebenan sind an der Terrassenwand

Valun: schöne Strände, ein gemütlicher Hafen, ein stimmungsvolles Restaurant

Nachbildungen der glagolitischen Inschrift der *Valun-Platte* angebracht. Sie zählt mit zu den ältesten kroatischen Schriftdenkmälern. Die Originale findet man ein paar Schritte weiter in der *Pfarrkirche.*

SCHIFFSVERBINDUNGEN

Fährenpendelverkehr ganzjährig, im Juli und August auch nachts, zwischen *Brestova* (Festland) und *Porozina* (Cres); mehrmals täglich *Valbiska* (Krk) – *Merag* (Cres), außerdem Verbindungen zur Insel Lošinj.

AUSKUNFT

Tourismusverband Insel Cres
Ul. Cons 11, 51557 Cres, Tel. und Fax 051/57 15 35

KRK

(D-E 3-4) Krk: ein fast unaussprechlicher Name! Wenn man einen angedeuteten »i«-Laut zwischen den ersten und zweiten der drei Buchstaben mogelt, klingt das noch immer nicht so sanft wie Hawaii, aber ein wenig lieblicher als ein verschluckter Hahnenschrei …

Die zu Titos Zeiten gebaute Brücke (mautpflichtig), die Krk seit 1980 mit Kraljevica auf dem Festland verbindet, gilt als technische Meisterleistung. Einer ihrer Stahlbetonbögen ist mit 390 m Länge der am weitesten gespannte Brückenbogen der Welt. Jährlich passieren ihn mehr als eine Million Fahrzeuge, im Sommer manchmal über 10 000 pro Tag. Die Zahlen deuten es an, dies ist keine Insel in stiller Abgeschiedenheit. Krk nimmt sie alle auf, das Heer der Urlauber, Transitgäste nach Cres, Lošinj oder Rab und die unzähligen Tagesausflügler, die am Wochenende aus Rijeka und Umgebung herüberströmen. Die wichtigsten Straßen sind entsprechend gut ausgebaut. Auch wenn es während der Hauptsaison in den bekannten Ferienzentren Baška, Krk, Njivice, Malinska und Punat und in den Ausflugsorten Vrbnik und Dobrinj zeitweilig recht lebhaft und eng wird, so ist die Insel doch mehr als nur ein touristisches Massenwarenhaus. Wo die Böden fruchtbar sind, gedeihen Gemüse, Wein und Oliven. Karge Karstflächen sind den Schafen überlassen. Entlang der Straße von Baška nach Punat ist das Binnenland kaum besiedelt. Aus mit Laubbäumen bewaldeten Tälern und Schluchten erheben sich um die Obzova (569 m) graue Felsenberge, die nur selten von Wanderern besucht werden. Seit der Antike zieht dieser strategisch günstig gelegene Magnet Menschen an, die die kleine Inselwelt beherrschen wollten: Illyrer, Römer, Kroaten, Venezianer, Franzosen, Österreicher und Italiener. Krk ist eine Fundgrube historischer Hinterlassenschaften.

ORTE AUF KRK

Baška **(E 4)**
Zwei Kilometer lang ist der feine Kieselbadestrand, der seicht ins Wasser abgleitet und in der weiten, grünen Bucht von den umliegenden Bergen geschützt wird. In diesen romantischen Platz muß sich der Direktor einer Druckerei aus Prag, Emil Geistlich zu Anfang dieses Jahrhunderts schwer verliebt haben, denn

fortan propagierte er ihn erfolgreich in Böhmen als Klimaseebad. Daß er nicht der erste war, bezeugen Ausgrabungen antiker Thermen aus der Römerzeit. Dank des Pioniers Geistlich entwickelte sich Baška (1000 Ew.) zum ersten touristischen Ort auf Krk und ist bis heute der wichtigste geblieben.

Entlang der Promenade reihen sich für jeden Geschmack Restaurants, Cafés und Kneipen mit einem schönen Ausblick auf die Bucht. Das *Corinthia (859 Betten, Reservierung: Hoteli Baška, E. Geistlicha 38, Tel. 051/85 66 51, Fax 85 65 84, Kategorie 2)* ist ein Hotelkomplex mit drei miteinander verbundenen Häusern am Ortsrand. Nicht jedermanns Sache ist der große, zentrale Speisesaal. Schön und ruhig auf Terrassen hoch über dem Meer liegt das *FKK-Autocamp Bunculuka (Tel. 051/85 68 06).*

Aktivurlauber zieht es ins *Sportzentrum Zablaće* mit Fußballplatz, Minigolfanlage und 15 Tennisplätzen oder zur *Tauchschule Delphin.*

Oberhalb von Baška, in der frühromanischen *Kirche der hl. Lucija* in *Jurandvor,* befindet sich die Nachbildung eines außerordentlichen Kulturdenkmals der altkroatischen Sprache in glagolitischer Schrift, die *Baščanska ploča.* Das Original aus weißem Kalkstein (heute in Zagreb), auf dem König Zvonimir (1075–1089) den Benediktinern dieses Grundstück zum Geschenk macht, interpretieren die Kroaten als Beweis für das Bestehen eines eigenen Staates schon im Mittelalter. Gipsabdrücke der Platte werden jetzt in den Geschäften als Souvenirs angeboten.

Auskunft: Tourismusverband Baška, Kralja Zvonimira 114, 51523 Baška, Tel. und Fax 051/85 65 44

Dobrinj **(E 3)**

Schon wegen *šurlice sa gulašom* (Schupfnudeln mit Gulasch), des traditionellen Sonntagsessens der Einheimischen, lohnt sich der Weg nach Dobrinj (120 Ew.). In der *Gostiona Zora (Dobrinj 71, Tel. 051/84 82 50, Kategorie 3),* etwas unterhalb der Kirche, wird es täglich gekocht. Von hier oben hat man einen herrlichen Blick über Rebfelder und Gemüsegärten bis in die Bucht von Klimno.

Glavotok und Porat **(D 3)**

In den beiden Dörfern nicht weit von Malinska befinden sich *glagolitische Franziskanerklöster,* in denen der Gottesdienst zeitweilig noch in altkroatischer Sprache gehalten wird. Sehenswert sind in Glavotok die *Bibliothek* mit alten Handschriften und die *Kirche* mit wertvollen Gemälden venezianischer Künstler.

Krk **(D 4)**

★ Im Süden, in einer von Kiefernwald umgebenen Bucht, liegt die vor 2000 Jahren von den Römern gegründete Hauptstadt (3000 Ew.) von Krk, seit dem 4. Jh. Bischofssitz, heute Schul-, Kultur-, Handels- und Verwaltungszentrum der Insel. Jede Epoche der Stadtgeschichte ist hier mit Mauern und Türmen, Kirchen und Palästen verewigt. Die Altstadt ist Fußgängerzone. Größte Chance auf einen Parkplatz hat man am Hafen. Hier steht das alte *Stadttor* neben dem mit weißen Steinen neu gepflasterten Hauptplatz. Gegenüber beginnt die Einkaufsstraße *Ulica*

J. J. Strossmayera, in der sich Laden an Laden reiht. Die *Kathedrale Mariä Himmelfahrt* mit eleganten Bögen und Kapitellen wurde im 6. Jh. auf römische Mosaiken gebaut. Daran lehnt sich die romanische *Kirche des hl. Quirinus,* geschützt von den Mauern des *Frankopanenkastells* (13. Jh.), in dessen viereckigem Turm die Frankopanen Gericht hielten.

In dem kleinen, gemütlichen privaten Gasthaus *Konoba Bacchus (Ul. J. J. Strossmayerova 3, Tel. 051/22 20 02, Kategorie 3)* wird Deftiges wie Paprikasalami aus Slawonien serviert, meist bis spät in die Nacht. Zum Übernachten empfiehlt sich das *Koralj (400 Betten, Ul. Vlade Tomašića, Tel. 051/22 10 44, Fax 22 11 37, Kategorie 2),* ein modernes, ruhig gelegenes Haus. Auf der Promenade geht man rund 1 km bis ins Stadtzentrum, eine Disko mit Nachtbar ist im Haus.

Auskunft: Tourismusverband Stadt Krk, Vela Placa 1, 51500 Krk, Tel. und Fax 051/22 14 14

Malinska **(D 3)**

Der Badeort (1700 Ew.) mit betoniertem Felsstrand an der Westküste, der sich seines speziellen Mikroklimas rühmt, im Sommer der kühlste und im Winter der wärmste Ort der Insel zu sein, hat schon viel Prominenz gesehen. 1885 kam der österreichische Thronerbe Rudolf von Habsburg zur Vogeljagd nach Malinska und zog die Wiener Noblesse und Schickeria für ein paar Jahrzehnte nach sich. Der zu Zeiten des sozialistischen Jugoslawien gefaßte Plan, mit der 1970 eröffneten Ferienanlage Haludovo wieder in das Geschäft mit der internationalen High-Society, vor allem mit betuchten Amerikanern, einzusteigen, scheiterte schon nach fünf Jahren. Von der Hinterlassenschaft mehrerer Hotels in unterschiedlichen Kategorien, Bungalows, einer einem Fischerdorf nachempfundenen Apartmentsiedlung sowie Sportanlagen und dem botanischen Garten profitieren heute nicht nur die Pauschaltouristen. Das Sportangebot steht jetzt allen Gästen in Malinska offen.

Cafés, Bars, Eiscafés und Restaurants konzentrieren sich an der ✪ Promenade entlang des Hafens, die allabendlich beliebter Treffpunkt ist. Das *Restoran-Pizzeria Matteo (Joakima Tončića 7, Tel. 051/85 93 63, Kategorie 3)* ist ein gemütliches Lokal mit freundlicher Bedienung und guten Pizzen. Im *Restoran Konoba (Tel. 051/85 91 11, Kategorie 1)* im Fischerdorf der Feriensiedlung Haludovo werden edle Speisen in vornehmem Ambiente serviert.

In Haludovo findet man auch die meisten Hotels, etwa das *Hotel Palace/Fischerdorf (420 Betten, Put Haludovo, Tel. 051/85 91 11, Fax 85 93 30, Kategorie 1),* erstes Haus am Platz, für gehobene Ansprüche, mit einem breiten Sportangebot direkt vor Ort und Tanzterrasse, Nightclub und Kasino im Haus. In einem stilvollen Gebäudekomplex ruhig am Rande der Anlage die dazugehörigen Apartments. Familiärer die *Pension Milčetić (10 Betten, Dubašljanska 72, Tel. 051/85 92 00, Kategorie 2):* Im Hause des Professors für Gastronomie, der maßgeblich an der Entstehung eines Krk-Kochbuches (auch in deutscher Sprache) beteiligt war, dürfte eigentlich nichts im Wege stehen, um sich wohl zu fühlen.

Ein Reservat für Delphine

Die Gewässer um die beiden Inseln Cres und Lošinj sind zum Schutzgebiet für Delphine erklärt worden, das erste im gesamten Mittelmeer. Seit 1987 erforscht man hier den schelmischen Meeressäuger in seinem Lebensraum. Bis heute sind etwa 150 Exemplare markiert und registriert. Ein ausgewachsener Delphin ernährt sich täglich von fünf bis zehn Kilo kleiner Fische und lebt vorwiegend in der Gruppe. Die Fischer sind von dieser Konkurrenz nicht begeistert. Die Delphine haben sich noch nicht über die Fischer geäußert.

Neben 18 Tennisplätzen, Wasserski, einer Tauchschule und Paddelbootverleih findet man in Haludovo auch die besten Unterhaltungsmöglichkeiten: Tanzterrasse, Spielkasino und Nightclub im Hotel Palace, Diskothek nebenan im Hotel Tamaris. Für die Freunde der klassischen Musik gibt es wöchentlich Konzerte in der Kirche von Malinska oder im Kloster Porat.

Auskunft: Tourismusverband Malinska, Obala 46, 51511 Malinska, Tel. und Fax 051/85 92 07

Njivice (D 3)

Wer Omišalj schnell den Rücken kehrt, weil Industrieanlagen und Fluglärm vom nahen Airport Urlaubsfreuden trüben können, der findet in Njivice den dem Festland nächstgelegenen Ferienort. Vor 25 Jahren hatte das Fischerdorf nur 80 Einwohner, heute sind es schon über 1000 – und alle leben vom Tourismus und den Tagesgästen aus Rijeka. Im Sonnenschein tummeln sich jung und alt auf Betonpisten, Kieselstrand und im seichten, grünen Wasser vor der Promenade. Für Spaziergänger und Jogger: Von Njivice führt ein 5 km langer, autofreier Weg entlang der Eichenwälder nach Malinska.

Zur einen Seite den Blick über das blaue Wasser werfen, zur anderen dem bunten Leben auf der Promenade zuschauen kann man von den Restaurantterrassen an der Ribarska obala. Zu den besten Restaurants in der ganzen Region zählt das ★ *Rivica (Ribarska obala 13, Tel. 051/84 61 01, Kategorie 1)* mit Meeresspezialitäten von Kaviar bis Hummer und internationalen Fleischgerichten. In der ❂ *Café Bar Stop,* ebenfalls direkt an der Promenade Ribarska obala, treffen sich Einheimische und Urlauber auf einen Espresso oder einen Drink.

Das Hotel Jadran *(420 Betten, Primorska, Tel. 051/84 61 18, Fax 84 61 16, Kategorie 2)* liegt am Ende der Promenade direkt am Wasser. Hinter dem Hotel, am Ende der Promenade romantisch auf einer kleinen Landzunge gelegen, Musik und Tanz in der *Blauen Terrasse.*

Auskunft: Tourismusverband Njivice, Ribarska obala 10, 51512 Njivice, Tel. und Fax 051/84 62 43

Punat und Košljun (E 4)

In der vor Sturm und Wellen geschützten Bucht von Punat finden Boote und Yachten nicht nur Zuflucht, sondern im Ort Punat auch die größte *Marina* der Adria

(809 Liegeplätze im Wasser, 400 Plätze an Land) mit einem Allroundservice für Nautiker und 120 Charterboote. Umgeben von Weingärten, Olivenhainen und kleinen Buchten werden dem Urlauber in Punat und Umgebung 6000 Übernachtungsmöglichkeiten in Hotels, Privatunterkünften und in den beiden Autocamps *Konobe (FKK, Tel. 051/85 40 36)* und *Pila (Tel. 051/85 41 22)* geboten. Inmitten der Bucht liegt die fotogene, kleine, grüne ★ *Klosterinsel Košljun*, ein Juwel der Natur und Kultur, zu der man sich mit kleinen Booten vom Hafen Punat übersetzen lassen kann. Die im 12. Jh. von den Benediktinern gegründete Anlage wird seit dem 15. Jh. von Franziskanermönchen bewirtschaftet. Auf dem knapp 7 ha großen Areal gedeihen 400 Pflanzenarten, darunter allein 155 verschiedene Pilzsorten. In der reich geschmückten Kirche singt man noch immer Lieder in altkroatischer Sprache. Die Ausstellung von kulturhistorischen Raritäten wie Büchern aus den Anfängen der Kunst des Druckens (15. Jh.) sowie die naturwissenschaftliche und ethnographische Sammlung lohnen einen Besuch. *Auskunft: Tourismusverband Punat, Obala 72, 51521 Punat, Tel. und Fax 051/85 49 70*

Stara Baška (E 4)

Seitdem die enge Straße durch Geröllhalden und entlang steiler, nackter Felswände von Punat nach Stara Baška (10 km) asphaltiert wurde, ist die alte Hirtensiedlung zwar nicht mehr *der* Geheimtip für Leute, die einsame Badebuchten und wilde Strände suchen, aber noch immer ein lohnendes Ziel für all jene, die jeglichem Touristenrummel entfliehen wollen. Übernachtungsmöglichkeiten findet man im *Autocamp Škrile* oder in Privatquartieren. *Auskunft erteilt der Tourismusverband Punat.*

Vrbnik (E 4)

An der Ostküste ragt die mittelalterlich geprägte Altstadt (950 Ew.) mit engen Gassen und Stiegen malerisch aus einem Kalkfelsen empor. Vrbnik war einst ein Sitz der Fürstenfamilie Frankopan und Zentrum der Glagoliter. Ihre Handschriften findet man in der *Vitezić-Bibliothek (Besichtigung auf Anfrage, Tel. 051/85 70 08)*, die insgesamt 15 000 Bücher umfaßt, darunter einen 1718 in Nürnberg gedruckten Atlas und eine Bibel in kroatischer Sprache, 1562 in Tübingen gedruckt.

SCHIFFSVERBINDUNGEN

Ganzjährige Fährverbindung zwischen *Valbiska* (Krk) und *Merag* (Cres), Anfang Juni bis Mitte September Fährlinie von *Baška* (Krk) nach *Lopar* (Rab).

LOŠINJ

(**D 5-6**) Die Insel (6700 Ew.) mit laut Wetterstatistik 300 wolkenlosen oder nur leicht bedeckten Tagen ist wärmer, aber auch viel grüner als das herbe Cres. Bereits im vorigen Jahrhundert erlebten hier Asthmakranke in dem Gemisch aus frischer Seeluft und Pflanzenwohlgerüchen Linderung ihrer Leiden. Lošinj ist eine heiter stimmende Insel des In-den-Tag-hinein-Lebens, zu Recht das »Grün im Blau« genannt. Bisher hat man hier noch nicht das

Gefühl, in einen Massenbetrieb hineingeraten zu sein. Mali Lošinj (das »kleinere« Lošinj, das in Wirklichkeit größer ist) und Veli Lošinj (das »große«) sowie die Ortschaft Nerezine im Norden sind die Hauptorte. Der dichte Kiefernwald auf der Halbinsel Čikat, der sich bis nahe an das Zentrum von Mali Lošinj erstreckt, wurde schon im vergangenen Jahrhundert angelegt und birgt an der buchtenreichen Küste alte Villen und moderne Hotelanlagen. Skipper finden im großen Hafenbecken von Mali Lošinj eine gut ausgestattete Marina mit Werft vor. Die normale Aus- und Einfahrt des Beckens liegt im Westen. Für die schmale Einfahrt von Osten öffnet sich die Drehbrücke täglich um 9 und um 17 Uhr.

Wer des Badens in Sonne und Meer überdrüssig wird, nach Aktivitäten sucht, die den Geldbeutel schonen und doch voller Erlebnisse stecken, dem wird es ein Vergnügen sein, Lošinj zu Fuß zu entdecken. Jenen, die auf dem ebenen Boden spazieren wollen, ist der *Promenadenweg* am Meer entlang von Mali Lošinj nach Veli Lošinj zu empfehlen (ca. eine knappe Stunde). Hoch hinauf auf den höchsten Gipfel der Insel, den *Televrin* (588 m), führt ein Wanderweg (ca. vier bis fünf Stunden Gehzeit) über den Bergrücken des Osoršćica. Er beginnt in Nerezine, endet in Osor und ist mit einem roten Kreis auf weißem Grund an Trockenmauern und Steinen markiert. Eine genaue Beschreibung des Weges erhält man in der *Agencija* im Hafen von Nerezine. Aus luftiger Höhe, das Cres-Lošinj-Archipel zu Füßen und Istrien und Velebit in der Ferne, wird mancher vielleicht schon sein nächstes Ziel erspähen.

ORTE AUF LOŠINJ

Mali Lošinj **(D 6)**
Rund um das Hafenbecken wachsen die Häuser auf engem Raum die sanften Hügel empor. Abseits ruhen ein paar Ozeanriesen im Wasser. Mali Lošinj ist großzügig angelegt und mit seinen 6700 Einwohnern die größte Stadt in der Kvarner-Inselwelt. Die Seeschiffahrt hat sie reich gemacht. Viele der prächtigen alten Villen aus dem vergangenen Jahrhundert wurden von Kapitänen gebaut, die Schätze aus aller Welt zusammengetragen haben. Die roten Dächer werden vom weißen Turm der *Marienkirche* überragt, der einen wunderbaren Ausblick auf Krk und das Festland freigibt.

Riesenpizzen, die den relativ hohen Preis (ab 12 Mark) rechtfertigen, gibt es am Hafen im *Galeb (Priko 53, Tel. 051/23 23 47, Kategorie 3)*. Beim Hafenamt Mali Lošinj kann man in einem einwöchigen Kurs in deutscher Sprache für ca. 400 Mark den Bootsführerschein (Küstenpatent) erwerben *(Lošinjskih brodograditelja 33, Tel. und Fax 051/ 23 14 38)*. Die *Segelschule Pro-Sailing Academy* (auch deutschsprachig) bietet einen einwöchigen Kurs für den Bootsführerschein *(ca. 600 Mark in der Hauptsaison, Čikat-Bucht, Tel. und Fax 051/ 23 28 00)*. K. u. k. Nostalgie verströmt das ruhig in der Čikat-Bucht gelegene *Hotel Alhambra (100 Betten, Čikat 15, Tel. 051/ 23 20 22, Fax 23 19 04, Kategorie 2)*. Das *Aurora (730 Betten, Sunčana uvala, Tel. 051/23 13 24, Fax 23 15 42, Kategorie 2)* liegt umgeben von Kiefernwald auf der Halbinsel Čikat. FKK-Strand 350 m entfernt, Segeln, Surfen.

Veli Lošinj **(D 6)**

★ Mediterrane Romantik par excellence! Den Eingang zur engen Hafenbucht beherrscht die imposante barocke *Pfarrkirche des hl. Antonius* (18. Jh.). Ihre wertvollen Kunstschätze, Altäre und Gemälde, verdankt sie vor allem den Stiftungen der Kapitäne der Stadt (990 Ew.). Um das winzige Hafenbecken reihen sich Cafés und Restaurants, deren Gäste im Schein der goldenen Abendsonne dem Schattenspiel des Wassers unter den dümpelnden Booten zuschauen. Wohl eine Sünde wert sind hier die *kremšnite* (Cremeschnitten) im *Café Slastičarna Eskimo*. Das *Bistro Kalica (Vladimira Nazora 35, Tel. 051/23 60 62, Kategorie 2)* bietet italienische Küche (Nudelgerichte mit Meeresfrüchten). An der Einfahrt zum Hafen sucht man sich aus der Kühlbox in der *Gostionica Marina (Obala Maršala Tita 38, Tel. 051/23 61 78, Kategorie 2)* die Meeresfrüchte selbst aus. Zur Übernachtung empfiehlt sich das *Punta (764 Betten, Tel. 051/23 60 02, Fax 23 63 01, Kategorie 2)*, Hotel und Ferienanlage mit zwölf Tennisplätzen und Pool mit Kinderbecken. Das *Saturn (25 Betten, Obala Maršala Tita, Tel. 051/23 61 02, Fax 23 63 52, Kategorie 2)* ist eine private Pension, kürzlich restauriert, direkt am Hafen.

Warum Lošinj »Das Grün im Blau« heißt, ist so klar wie die Adria

SCHIFFSVERBINDUNGEN

Autofähre von *Zadar* nach *Mali Lošinj* (Mo/Mi/Fr) und von *Pula* nach *Mali Lošinj* (Fr, in der Saison häufiger), *Mali Lošinj–Unije–Ilovik–Susak–Mali Lošinj* (tgl.), außerdem Verbindungen zur Insel Cres.

AUSKUNFT

Tourismusverband der Gemeinde Lošinj
Lošinjskih kapetana 29, 51550 Mali Lošinj, Tel. und Fax 051/ 23 18 84

Cappelli
Vermittelt Privatunterkünfte. *Kadin, 51550 Mali Lošinj, Tel. 051/ 23 15 82, Fax 23 15 62*

ZIELE IN DER UMGEBUNG

Täglich werden Ausflüge zu den umliegenden Inseln organisiert.

Ilovik **(D 6)**
Südlich von Lošinj, auch die Blumeninsel genannt. Am Abend ist Ilovik beliebter Treffpunkt der Segler. Empfehlenswert ist das *Restaurant Rozmari (Tel. 051/ 23 59 59, Kategorie 3).*

Susak **(C 6)**
Einzige Sanddüneninsel im Mittelmeer, über deren Entstehung die Wissenschaft rätselt. Die alten Frauen gehen noch in der Tracht mit dem kniekurzen, schwarzen Rock. Sie sprechen einen altkroatischen Dialekt.

Unije **(C 5–6)**
★ Autofreie Insel mit fruchtbarem Ackerboden. Einsame Wege führen in versteckte, romantische Badebuchten. Etwas für Entdecker, die Natur statt Luxus und Rummel suchen. Im Ort *Unije* vermittelt die pensionierte Lehrerin Margareta Nikolić *(Tel. 051/23 57 57)* ca. 70 private Unterkünfte und baut ein kleines *ethnographisches Museum* auf.

RAB

(E 5) Aus der Vogelperspektive sieht Rab wie ein Hummer aus. Wenn sich die Fähre vom Festland dem Kai in Mišnjak nähert, erscheint die Insel als nackte Felsenwüste. Doch nur wenige Kilometer weiter, nach dem Passieren der »heiligen Kette« Kamenjak, die Rab vor den kalten Nordwinden schützt, beginnt ein wahres Wunderland der grünen Wälder und fruchtbaren Felder. Rab ist eine fröhliche, überschaubare Ferieninsel, deren historische Spuren sich in alten Mauern, Palästen, Klöstern und Kirchen wiederfinden. Mediterrane Kunst und Kultur als Atmosphäre schaffende Kulisse oder als Anregung zum Stöbern in ruhmreicher Vergangenheit: Die über 2000 Jahre alte Stadt Rab präsentiert sich als ein überaus lebendiges Museum. Auch in den Dörfern Barbat na Rabu und Banjol, Kampor und Supetarska Draga sowie in Lopar im von gelben Sandstränden umgebenen äußersten Norden wird das Leben von den Urlaubern bestimmt. Nur Suha Punta ist eine reine Hotel- und Apartmentsiedlung zwischen den urwaldähnlich bewachsenen und von versteckten Felsenbuchten gesäumten Halbinseln Frkanj und Kalifront. Beide sind für den Autoverkehr gesperrt. Wanderer trifft man selten auf den einsamen Wegen, die durch ein ganz der Natur überlassenes Revier führen. Seit der ehemalige britische König Edward VIII. und seine bürgerliche Ehefrau Wallis Simpson 1936 nackt in der Bucht von Kandarola (nahe Suha Punta) gebadet haben, rühmt Rab sich als Pionier des FKK-Tourismus an der Adria.

ORTE AUF RAB

Rab (E 5)

★ Die Stadt Rab liegt auf einer schmalen Landzunge zwischen der Bucht Sveta Eufemija und dem Hafen. Vier Glockentürme, wie Wächter an den steil abfallenden Rand der Bucht gebaut, sind ihr Wahrzeichen. Zu ihren Füßen durchkreuzen schmale Gassen die drei Hauptadern Gornja ulica (Obere Straße), Srednja ulica (Mittlere Straße) und Donja ulica (Untere Straße). Das quirlige Städtchen gehört ausschließlich den Fußgängern. Während der Hauptsaison ist es ratsam, das Auto schon in beträchtlicher Entfernung zum Hafen stehenzulassen.

Bummeln Sie am Hafenkai entlang, dann treffen Sie gleich auf den stets von Straßenhändlern bunt belebten Platz *Trg Svetog Kristofora.* Ein Stück weiter liegt der *Trg Municipium Arba* mit dem einstigen Fürstenpalast *(knežev dvor)* aus dem 13. Jh. Durch das alte Seetor kommt man zur von acht Marmorsäulen gestützten *Stadtloggia.* Neben ihr der *Stadtturm* mit der Uhr und die gotische *Kapelle Sveti Nikola.* Hier beginnt die *Srednja ulica,* eine enge Geschäftsstraße voller Läden, Cafés und Restaurants. Trotz vieler Umbauten an den reichen Bürgerhäusern aus dem 12. und 13. Jh. sind an den schmückenden Elementen noch Wohlstand und Macht abzulesen.

Die Obere Straße, an der sich Rabs Kirchen und Türme aufreihen, empfängt einen mit kaum vermuteter besinnlicher Ruhe, in die nur das Vogelgezwitscher aus dem angrenzenden prachtvollen *Stadtpark Komrčar* dringt. Von der Kirche *Sveti Ivan Krstitelj* ist nur noch der romanische *Glockenturm* aus dem 11. Jh. erhalten. Wer ihn besteigt (kostenlos), wird mit einem herrlichen Ausblick belohnt. Aus der Renaissance stammt die *Kirche Sveta Justina,* heute *Museum für sakrale Kunst (tgl. 9–11 und 19.30 bis 22 Uhr, 10 Kuna).* Unweit davon die dreischiffige romanische *Basilika Sveta Andrija* mit dem ältesten Glockenturm der Stadt. Größte Aufmerksamkeit aber gebührt der im 12. Jh. als Kathedrale von Rab geweihten *Basilika Sveta Marija Velika.* Im Inneren über dem Hauptaltar das Reliquiar des hl. Christophorus, aus Eichenholz meisterhaft geschnitztes Chorgestühl von 1445, ein altkroatischer Hostienbehälter aus dem 10. Jh. sowie ein Taufbecken von 1497. Der 26 m hohe Turm der Kathedrale, mit romanischen Fenstern und einer Pyramidenspitze, ist der höchste und schönste der Stadt. In der Unteren Straße verdient der *Palast Dominis-Nimira* mit seinem prachtvollen spätgotischen Marmorportal die Aufmerksamkeit.

Die Altstadt von Rab zieht wie ein Magnet Urlauber und Einheimische, Straßenkünstler und Straßenhändler gleichermaßen an. Für stille Romantiker ist in den Mauern der Stadt wenig Raum. Den finden sie etwas abseits, auf einem Spaziergang durch den *Park Komrčar* entlang der Küste zum *Franziskanerkloster Sveta Eufemija* (ca. 2 km).

Für süße Schlemmereien an der Piazza empfiehlt sich die *Café-Bar Felix (Trg Svetog Kristofora)* mit ihren großen, liebevoll dekorierten Eisbechern mit frischen Früchten. Im Atrium des 600 Jahre alten Palastes Cernota gedeihen 130 Jahre alte Palmen. Unter ihnen werden im *Paradiso (Stjepana Radića 2, Tel. 051/77 11 09, Kategorie 3)* Pizzen und Nudelgerichte an langen Holztischen serviert.

Das 1911 gebaute, älteste Hotel der Stadt, das *Imperial (260 Betten, Tel. 051/72 45 22, Fax 72 41 26, Kategorie 2),* empfiehlt sich weder durch seinen Service noch durch eine besondere Küche, sondern nur durch die faszinierende, ruhige Lage inmitten der Palmen und Pinien des Stadtparks. Zur Altstadt sind es fünf Gehminuten, bis zum nächsten Strand etwa 500 Meter. Drei Tennisplätze, Tischtennis, Tanzterrasse.

Suha Punta (E 5)

Zur Feriensiedlung Suha Punta gehören im Wald am Meer verteilt Apartments in Reihenbungalows mit zwei Restaurants, Café, Bootshafen, Tanzterrasse und Disko *(730 Betten, Tel. 051/72 40 60, Kategorie 2),* außerdem die beiden Hotels *Eva (390 Betten, Tel. und Fax 051/72 42 33, Kategorie 2)* und *Carolina (270 Betten, Tel. und Fax 051/72 44 73, Kategorie 2).*

Kurz vor Suha Punta biegt auf der rechten Seite ein holpriger Sandweg (beschildert) in den Wald von Kalifront. Mit etwas Geduld erreicht man nach ein paar Minuten am türkisfarbenen Wasser der Gožinka-Bucht (Schinkenbucht) ein idyllisch gelegenes, einfaches Gasthaus, die *Konoba Gožinka (Kategorie 3).* In der Nähe befindet sich ein kleiner, weißer Kieselbadestrand.

SCHIFFSVERBINDUNGEN

Ganzjährig *Jablanac* (Festland) – *Mišnjak* (Rab) täglich in beide Richtungen mindestens neun Abfahrten, Pendelverkehr in der Hauptsaison. *Baška* (Krk) – *Lopar* (Rab) Mai bis September, außerdem Fährschiffe *Rijeka–Rab–Dubrovnik* (Fr, Mo zurück), die aber von und nach Rab keine Autos transportieren.

AUSKUNFT

Tourismusverband Rab

Donja ulica 2, 51280 Rab, Tel. und Fax 051/72 40 64 oder Tel. 71 11 11, Fax 71 11 10

ZIEL IN DER UMGEBUNG

Pag (E–F 6)

In der Saison werden von Rab Ausflugsfahrten nach Lun auf Pag organisiert. Außerdem besteht rund um die Uhr ein Nonstop-Pendelverkehr zwischen Prizna (Festland) und Žigljan (Pag). Welchen Weg man auch wählt, alle führen vorbei an völlig kahlen Eilanden und Riffen, und der erste Eindruck von Pag (8000 Ew.) wirft die Frage auf: Wie kann der Mensch in dieser Mondlandschaft aus Felsen und Steinen überhaupt überleben? Er kann es nur, weil er schon über Jahrhunderte seinen Geist wach und seinen Fleiß aktiv hält. Wer zwischen Žigljan und Novalja den Blick über die Geröllfelder schweifen läßt, wird ein kilometerlanges Netz schnurgerader, sorgfältig aufgeschichteter Trokkenmauern entdecken. Den wilden Winterstürmen der Bora sollen sie Einhalt gebieten und den Schafen Schutz bieten. Schafskäse aus Pag ist denn auch eine bekannte Spezialität. Inmitten der Steine wuchert Salbei, die Heilpflanze, aus deren Blüten Bienen würzigen Nektar saugen. Den knorrigen Olivenbäumen zwischen Lun und Novalja ist der heiße, trockene Steinboden höchst willkommen.

Auf dem Weg in die Inselhauptstadt Pag passiert man eine grün bewachsene Bucht, in die sich der Fischerort *Šimuni* mit seiner geschützten Marina bettet. Kurz vor Pag ein herrlicher Ausblick vom Bergkamm auf das Städtchen (2500 Ew.) und die dahinter liegenden Salinen, aus denen Meersalz und Fango geschöpft werden. *Pag* erwartet den Besucher mit bunten Blumengärten und einem 2 km langen Sandstrand vor Hotels und Ferienwohnungen. Kulturelle Sehenswürdigkeiten: *Domkirche* (15. Jh.), *Fürstenpalast* und die alte *Stadtmauer.*

Auskunft: Tourismusverband Pag, Ulica od špitala, 53290 Pag, Tel. und Fax 053/61 13 01

Kloster Sveta Eufemija auf Rab: stille Einkehr abseits vom Trubel

Von Auskunft bis Zoll

Hier finden Sie kurzgefaßt die wichtigsten Adressen und Informationen für Ihre Istrienreise

AUSKUNFT VOR DER REISE

Kroatische Zentrale für Tourismus
Karlsruher Str. 18, 60329 Frankfurt, Tel. 069/25 20 45, Fax 25 20 54
Burggasse 23, 1070 Wien, Tel. 0222/522 64 28, Fax 522 64 27
Beckenhofstr. 10, 8035 Zürich, Tel. 01/361 31 27, Fax 362 14 39

Slowenisches Fremdenverkehrsamt
Maximiliansplatz 12a, 80333 München, Tel. 089/29 16 12 02, Fax 29 16 12 73
Landstraßer Hauptstr. 2, 1030 Wien, Tel. 0222/715 40 10, Fax 713 81 77
St. Leodegarstr. 2, 6006 Luzern, Tel. 041/410 85 15, Fax 410 83 54

AUSKUNFT IN ISTRIEN

Slowenisch-Istrien
Protour, Senčna pot 10, 6320 Portorož, Tel. 066/74 70 14, Fax 74 70 10

Kroatisch-Istrien
Tourismusverband Istrien, Pionirska 1, Postfach 151, 51440 Poreč, Tel. 052/45 27 97, Fax 45 27 96

Kvarner-Bucht
Tourismusverband Primorsko-goranska, Park 1. maja 4, 51410 Opatija, Tel. 051/27 29 88, Fax 27 29 09

Krk
Tourismusverband Krk, Trg Sv. Kvirina 1, 51500 Krk, Tel. und Fax 051/22 13 59

ARZT

Überall an der Küste gibt es Apotheken und deutschsprechende Ärzte. Die Adressen erfahren Sie in den Hotels oder den örtlichen Auskunftsbüros. Wer regelmäßig bestimmte Medikamente einnimmt, sollte sie vorsorglich von zu Hause mitbringen. Beide Länder haben ein Gesundheitsabkommen mit Deutschland, Sie benötigen daher nur den Auslandskrankenschein.

AUTO

Nationale Zulassung und nationaler Führerschein genügen. Seit August 1996 ist das Mitführen der grünen Versicherungskarte für deutsche und österreichische Fahrzeuge nicht mehr zwingend vorgeschrieben, aber ratsam. Für Fahrzeuge mit Schweizer Kennzeichen gilt bislang noch die alte Regelung. Geschwindigkeitsbegrenzung: innerorts 60 km/h, außerorts 90 km/h (SLO: 80

km/h), Autobahnen 130 km/h (SLO: 120 km/h); Promillegrenze: 0,5. Jeder Unfall muß der Polizei gemeldet werden, die eine Bestätigung bezüglich des Schadens ausstellt; damit vermeidet man eventuelle Probleme bei der Ausreise. In beiden Ländern gibt es ein gut ausgebautes Netz von Servicestationen und Tankstellen; alle Kraftstoffsorten sind ausreichend und in EU-Qualität vorhanden und preiswerter als in den meisten europäischen Ländern. Autobahnbenutzung gegen Gebühr.

BAHN

Verbindung mit dem europäischen Bahnnetz über die EuroCity-Strecke München–Ljubljana–Zagreb–Rijeka. Auto- und Ferienreisezüge (Nachtzüge) verkehren im Sommer von Nord-, West- und Ostdeutschland nach Villach (Österreich).

BANKEN

Es gibt keine einheitlichen Öffnungszeiten, häufig Mo–Fr 8 bis 19 Uhr, Sa 8–12 Uhr (Kroatien) bzw. Mo–Fr 8–12 Uhr und 14–17 Uhr, Sa 8–12 Uhr (Slowenien). In den Touristenorten werden durchweg alle Kreditkarten sowie Eurocheques akzeptiert.

BUS

Linienbusnetz im Nah- und Fernbereich entlang der Küste und zu den Kvarner-Inseln. Die teils schon recht betagten Autobusse verkehren regelmäßig und häufig, die Fahrpreise sind niedrig. Eine Alternative für Ausflüge ohne Parkplatzproblem.

CAMPING

Wildes Campen ist verboten, ebenso das Übernachten an Straßen, auf Park- oder Rastplätzen. Istrien und die Kvarner-Bucht sind eine Hochburg des Campingtourismus. Auf über 50 Plätzen finden weit mehr als 150 000 Gäste gleichzeitig Platz. Nach Angaben des ADAC werden sie aber vor allem aufgrund ihrer Beschaffenheit im Sanitärbereich größtenteils als mäßig bis durchschnittlich bewertet. Die beste und gepflegteste Ausstattung findet man in den FKK-Anlagen. Davon steht ein knappes Dutzend zur Auswahl.

DIPLOMATISCHE VERTRETUNG

Deutsche Botschaft
Prešernova 27, 1000 Ljubljana, Tel. 061/21 61 66, Fax 125 42 10
Ul. Grada Vukovara 64, 10000 Zagreb, Tel. 01/51 92 00 und 611 45 00, Fax 51 80 70

Österreichische Botschaft
Dunajska 51, 1000 Ljubljana, Tel. 061/21 34 36, Fax 22 17 17
Šmartinska, 10000 Zagreb, Tel. 01/ 27 33 92, Fax 42 40 65

Schweizer Honorarkonsulat
Dunajska 51, 1000 Ljubljana, Tel. 061/140 52 31, Fax 140 11 54

Schweizer Botschaft
Bogovićeva 3, 1000 Zagreb, Tel. 01/ 42 15 73, Fax 42 59 95

EINREISE

Reisepaß oder – bei einem Aufenthalt von maximal 30 Tagen – Personalausweis in Verbindung mit Passierschein, der bei der

Einreise ausgestellt wird; Aufenthalt bis zu drei Monate. Kinder unter 16 Jahren können im Elternpaß eingetragen sein, sofern sie keinen eigenen Kinderausweis besitzen.

FÄHREN

Der Pendelverkehr zwischen dem Festland und den Kvarner-Inseln wird maßgeblich von der staatlichen Reederei Jadrolinija durchgeführt. Da für die Regionalfähren keine Platzreservierung möglich ist, sollten Autofahrer sich rechtzeitig vor Abfahrt des Schiffes einfinden und in der Wartespur am Anleger einreihen. Vorsicht mit Fahrzeuggespannen. Bei einem eventuell auftretenden Niveauunterschied zwischen Kai und Fahrzeugdeck können die Hecks der Anhänger oder die Anhängerkupplungen durch Bodenberührung Schäden davontragen. Schäden immer sofort beim Personal melden.

FOTOGRAFIEREN

Das Fotografieren von Militärobjekten ist untersagt, ansonsten keine Einschränkungen. Allerdings gebietet es das Gesetz der Höflichkeit, grundsätzlich Personen, die man fotografieren will, erst um ihre Einwilligung zu fragen. Fotomaterial wird überall angeboten, aber zu höheren Preisen als zu Hause. Deshalb empfiehlt es sich, Filme in ausreichender Zahl mitzubringen.

LEIHWAGEN

In allen größeren Ferienorten kann man Autos von internationalen oder nationalen Leihfirmen mieten. Mindestalter des Fahrzeugmieters 23 Jahre (25 Jahre in SLO) und drei Jahre Fahrpraxis. Es reicht der nationale Führerschein. Preisbeispiel: VW Polo ohne Kilometerbegrenzung rund 100 Mark pro Tag.

MARINAZENTREN

Die Nordadria mit den Kvarner-Inseln ist ein attraktives Revier für Segel- und Motoryachten, auf die man überall an der Küste eingestellt ist. Zwar können auch in vielen Häfen kleinere Reparaturen vorgenommen werden, aber die Marinazentren sind in erster Linie auf den Boots*tourismus* spezialisiert. Die wichtigsten befinden sich in Cres (Stadt), Izola, Koper, Novigrad, Opatija, Pomer, Portorož, Punat (Krk), Rovinj, Supetarska Draga (Rab), Umag und Veruda. Dort können Seefahrzeuge an Liegeplätzen mit Strom- und Wasseranschlüssen auch ganzjährig ankern. Die Marinas sind mit Kränen, Werkstätten, Tankstellen und Ersatzteilshops ausgestattet. Geschwindigkeit im Hafen: maximal 6 Knoten.

NOTRUFE

Feuerwehr (HR: *vatrogasci,* SLO: *gasilci*): 93, SLO: 112; Polizei (HR und SLO: *policija*): 92, SLO: 113; Rettung (HR: *hitna pomoć,* SLO: *rešilni*): 94, SLO: 112

ADAC-Notruf *Tel. 01/52 66 68* in Zagreb (deutschsprachig), ist auch für Slowenien zuständig (*Tel. aus Slowenien 003851/52 81 16*), *Mo–Sa 9–17 Uhr;* HAK (HR) und AMZS (SLO), die beiden nationalen Pannenhilfsdienste, sind 24 Stunden im Einsatz, *Tel. 987.*

ÖFFNUNGSZEITEN

Es gibt keine festen Ladenschlußzeiten. In den Tourismuszentren sind viele Läden täglich von 7 bis 12 Uhr und von 16 bis 20 Uhr geöffnet, in den Städten meist Mo–Fr von 8 bis 19 Uhr, Sa von 8 bis 13 Uhr.

POST UND TELEFON

Kroatien und Slowenien sind zur Zeit dabei, ihre jeweiligen Telefonnetze neu zu organisieren. Folge davon: Geänderte Telefon- und Faxnummern sind in Touristikbroschüren, Hotelkatalogen, aber auch in amtlichen Verzeichnissen vielfach noch nicht berücksichtigt.

Nationale Telefonauskunft für Kroatien: *988* für Teilnehmer im Ortsnetz, *989* für gesamtes Land; Slowenien: *988.* Internationale Ländervorwahl: für Kroatien: *00385,* für Slowenien: *00386.* Internationale Gespräche im Selbstwähldienst von Postämtern, Hotels, Telefonzellen und Privatanschlüssen. Außerdem: GSM-Mobilfunksystem. Vorwahl von Kroatien nach Deutschland *9949,* nach Österreich *9943,* in die Schweiz *9941,* von Slowenien nach Deutschland *0049,* nach Österreich *0043,* in die Schweiz *0041.*

Öffnungszeiten der Postämter: Kroatien: *Mo–Fr 7–21 Uhr, Sa 8–13 Uhr;* Slowenien: *Mo–Fr 8–18 Uhr, Sa 8–12 Uhr.* Porto für eine Postkarte ins europäische Ausland: Kroatien: 2,40 Kuna; Slowenien: 75 Tolar.

Für Postsendungen, die Sie aus dem Ausland nach Kroatien schicken, trägt das Länderkennzeichen vor der Postleitzahl die Buchstaben HR, Beispiel: HR – 10000 Zagreb. Für Slowenien sind es die Großbuchstaben SI.

REISEZEIT

Die Hauptsaison mit den höchsten Preisen in Hotels und Restaurants entfällt auf die Monate Juli und August. Die schönsten Reisezeiten sind Mitte Mai bis Ende Juni, wenn alles blüht, und der September und Oktober, wenn die Hitze des Sommers langsam abklingt, die Adria aber noch gute Badetemperaturen aufzuweisen hat. Beliebte Winterdomizile sind die klimatisch begünstigten Seebäder Opatija und Portorož mit ihren Kurangeboten sowie die Inseln Lošinj und Rab.

TIERE

Tollwut-Impfzeugnis für Hunde und Katzen mindestens 15 Tage und höchstens sechs Monate alt (muß im internationalen Impfpaß eingetragen sein). Für Slowenien außerdem: Gesundheitszeugnis nicht älter als zehn Tage.

TRINKGELD

Guten Service sollte man angemessen honorieren, im Restaurant mit etwa zehn Prozent des Rechnungsbetrages. Bewährte Regel: Wer dem Hotelpersonal kurz nach der Ankunft mit einem Tip die Arbeit versüßt, erntet die Früchte schon während seines Aufenthalts.

UMSATZSTEUER

Neu ist, daß in Kroatien und Slowenien die Umsatzsteuer auf ausgeführte Waren (5–32 Prozent), außer Alkoholika und Zigaretten, ab einem Wert von ca. 140 Mark zurückerstattet wird.

ZOLL

Zollfrei ist die Einfuhr von 200 Zigaretten oder 50 Zigarren oder 250 g Tabak, 0,05 l Parfüm, 0,25 l Eau de toilette, 1 l Wein, 0,75 l Spirituosen und Geschenken bis zu einem Wert von 100 Mark sowie Reiseproviant für den persönlichen Bedarf. Bei Wiedereinreise in die EU gelten u.a. folgende Beschränkungen: 200 Zigaretten oder 100 Zigarillos oder 50 Zigarren; 1 l Spirituosen über 22 % oder 2 l Spirituosen unter 22 % oder 2 l Schaumwein; 2 l Wein; 500 g Kaffee; 50 g Parfüm und 0,25 l Eau de toilette; sonstige Waren bis zu einem Wert von 150 Mark.

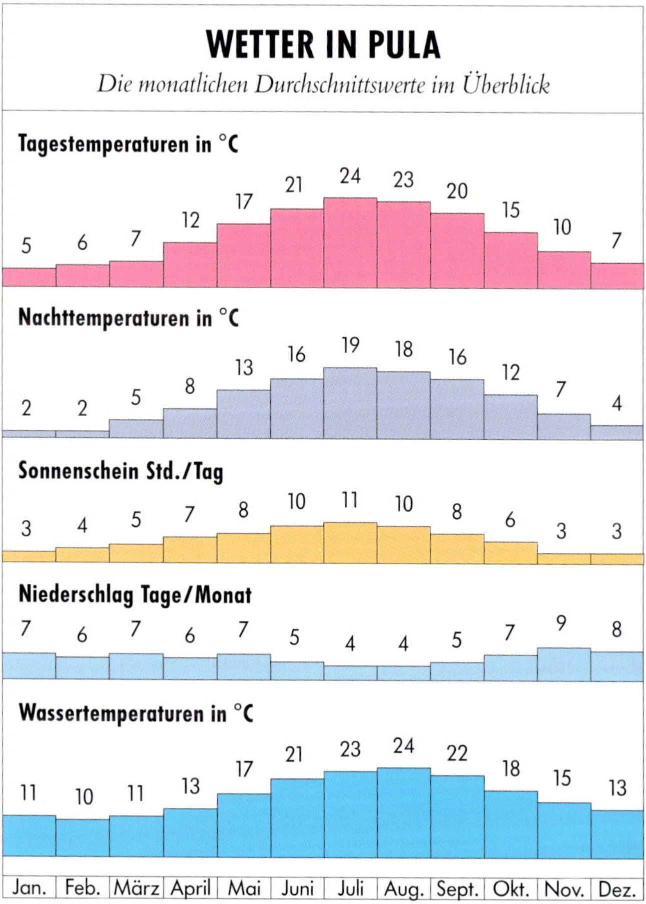

Bloß nicht!

Auch in Kroatien und Slowenien gibt es Dinge, über die man Bescheid wissen oder die man vermeiden sollte

Benimm

Viele Kroaten und Slowenen verstehen und sprechen Deutsch, vor allem natürlich in den Ferienzentren. Der Urlauber muß also immer damit rechen, daß sehr genau verstanden wird, was er sagt. Es sollte eigentlich selbstverständlich sein, daß man sich als Gast immer so benimmt, daß sich niemand in seiner Würde verletzt fühlt.

Bezahlen ohne Quittung

In den Lokalen in Kroatien weist ein amtlicher Aushang in kroatischer Sprache darauf hin, daß der Gast sich eine von ihm bezahlte Rechnung immer mit einer Quittung vom Wirt bestätigen lassen muß und diese bis nach Verlassen des Lokales aufzubewahren ist. Anderenfalls machen sich sowohl der Gast als auch der Wirt strafbar.

Bora an der Adria

Im Sommerhalbjahr zwar selten, aber doch im Schnitt etwa zweimal bricht aus oft zunächst heiterem Himmel die Bora, der kalte, nördliche Fallwind, über den Gebirgskamm am Meer auf die Küste nieder. Das Meer ändert dann plötzlich seine Farbe, der ablandige Wind bläst die Wellen vom Ufer weg. Alle kleinen Boote sollten sofort geschützte Buchten anlaufen. Nur geübten Surfern gelingt es, zum Festland zurückzukehren. Luftmatratzen und Schlauchboote nicht zu retten versuchen, sondern sich selbst retten! Sogar das Weiterfahren mit Wohnwagen ist gefährlich: Tempo stark vermindern und auf die Windsäcke achten, die exponierte Stellen ankündigen! Mit hohen Fahrzeugen auch die durch Mauern geschützten Straßen vorsichtig passieren.

Falsch parken

Parkplatzknappheit herrscht in praktisch allen Küstenorten, besonders an der Slowenischen Riviera. Wenn Sie nach unendlicher Sucherei endlich einen freien Platz für Ihr Auto entdecken, vergewissern Sie sich, daß Sie nicht im Parkverbot stehen. In Slowenien, vor allem in den Seebädern, werden falsch parkende Autos gnadenlos abgeschleppt.

Fröhlicher Lärm

Wer nicht seine Schlafzeit auf die landesüblichen Sommersitten umstellen kann oder will, sollte sein Quartier daher nie über einer Tanzterrasse oder direkt an einer Straße nehmen. Ruhe hinten statt Meerblick mit fröhlichem Lärm bis weit nach Mitternacht vorn heißt hier die Devise. Die durch dünne Zeltstoffe und Wohnwagenwände noch intensiver beschallten Camper sollten, falls sie geräuschempfindlich sind, das Zelt oder den Wohnwagen möglichst weit vom Restaurant mit vorgebautem Tanzpodium aufstellen.

Politische Gespräche

Politische Themen sollte man nicht oder nur mit höchster Sensibilität und Verständnis für die Situation diskutieren. In Kroatien und Slowenien ist das Kapitel Volksrepublik Jugoslawien und ihr Zerfall noch längst nicht verarbeitet, die Wunden sind noch nicht verheilt. Als eigentlich selbstverständliche – und auch in anderen Urlaubsländern gültige – Forderung für den Gast gilt: Alles ist zu vermeiden, was den Stolz der Einheimischen verletzen könnte.

Raserei auf den Straßen

Was die ansonsten so besonnenen Slowenen zur rücksichtslosen Raserei treibt, kann bislang keiner so recht beantworten. Tatsache ist, daß Slowenien, seitdem es selbständig ist, in Europa mit die höchste Rate an Verkehrstoten zu verzeichnen hat, im Verhältnis zur Bevölkerungszahl gesehen. Raserei und leichtsinnigen Überholmanövern sollten Sie zu Ihrer eigenen Sicherheit mit einer defensiven, aufmerksamen Fahrweise begegnen. Für den, der im Straßenverkehr sein Recht um jeden Preis durchsetzen will, könnte die Fahrt ein böses Ende nehmen. Auch das Radfahren ist in Slowenien selbst auf wenig befahrenen Straßen nicht immer ungefährlich.

Regennasse Straßen

Bei einsetzendem Regen nur noch Schrittempo fahren: Der in den trockenen Sommerwochen angesammelte Staub verwandelt die Straßendecke beim ersten Regen in ein Schmierseifeparkett, das beim Bremsen dann fast wie Glatteis wirkt.

Steinbohrermuscheln ernten

Es ist streng verboten, diese äußerst wohlschmeckende Muschelart durch Herausklopfen aus dem Meer zu holen und die Küste zu beschädigen.

Telefonate aus Hotelzimmern

Für Telefongespräche, die Sie von der Post und aus Telefonzellen führen, zahlen Sie meist weniger als die Hälfte. des Preises vom Hotel

10-Kuna-Note

Achtung: Der 10-Kuna-Schein (Wert ca. 2,83 Mark) sieht dem deutschen 10-Mark-Schein zum Verwechseln ähnlich. Zwar druckt man die Scheine seit neuestem in einer anderen Farbe, aber die alten, weiterhin gültigen 10-Kuna-Banknoten sind noch immer im Umlauf.

Zu weit ins Meer schwimmen

Überall dort, wo sich Schwimmer, Surfer, Boote und Wasserskiläufer das Gewässer teilen, sind von jedem äußerste Vorsicht und Rücksichtnahme gefordert, um (zum Teil sehr schwere) Unfälle zu vermeiden. Es ist aus diesem Grund auch verboten, mit Motor- und Gleitbooten näher als 300 m entlang der Uferzone zu fahren. Schwimmer hingegen sollten sich im eigenen Interesse nicht weiter als 100 m von der Uferzone entfernen.

Enthalten sind alle in diesem Führer erwähnten Orte und Ausflugsziele. Halbfette Seitenzahlen verweisen auf den Haupteintrag, kursive auf ein Foto.

Was bekomme ich für mein Geld?

Die kroatische Währung ist die Kuna (HRK), übersetzt »Marder«. Eine Kuna unterteilt sich in 100 Lipas. Die slowenische Währung ist der Tolar (SIT). Die Kuna ist noch nicht konvertierbar, der Urlauber kann Kuna somit praktisch nur im Ferienland selbst tauschen und rücktauschen. Sowohl Kurse als auch Bearbeitungsgebühren schwanken von Wechselstube zu Wechselstube oder Geldinstitut. Beide Kurse werden von ihren Staatsregierungen relativ stabil gehalten. Die Folge davon ist, daß der ausländische Urlauber mit einem erheblich höheren Preisniveau als zu Zeiten Jugoslawiens rechnen muß.

Ein paar Preisbeispiele: Linienbus von Koper nach Poreč (50 km) ca. 9 Mark, von Koper nach Pula (95 km) ca. 17,50 Mark; Eintritt in die Disko ab 3 Mark; Espresso 1,50 Mark, ein Glas Mineralwasser um 90 Pfennig, 0,3 l Bier ca. 2,40 Mark, eine Flasche Wein im Restaurant zwischen 15 und 36 Mark; eine Kugel Eis um 90 Pfennig.

DM	HRK	HRK	DM
1	3,54	1	0,28
2	7,08	5	1,41
3	10,62	10	2,83
4	14,16	20	5,65
5	17,70	30	8,48
10	35,40	40	11,30
20	70,80	50	14,13
30	106,19	75	21,19
40	141,59	100	28,25
50	176,99	250	70,63
100	353,98	500	141,25
200	707,96	750	211,88

DM	SIT	SIT	DM
1	89	10	0,11
2	179	50	0,56
3	268	100	1,12
4	357	250	2,80
5	446	500	5,60
10	893	1.000	11,20
20	1.786	2.000	22,40
30	2.679	3.000	33,60
40	3.571	4.000	44,80
50	4.464	5.000	56,00
100	8.929	7.500	84,00
200	17.857	10.000	112,00

Bei Kreditkartenzahlung/Automatenabhebung am Urlaubsort berechnet die Heimatbank die obenstehenden Kurse.
Stand: Januar 1997

Sprechen und Verstehen ganz einfach

Das Kroatische wird in der Regel so ausgesprochen, wie es geschrieben wird.
Besonderheiten:
č – tsch wie in **Tsch**eche; **ć** – zwischen tch und tsch, etwa wie in Hü**tch**en;
š – stimmloses sch wie in **sch**ön.
Alle Vokale sind offen und müssen in jeder Stellung deutlich ausgesprochen werden.
Bei Vokalverbindungen ist jeder einzelne Vokal hörbar: reuma = re-u-ma.
Das silbenbildende **r** muß ebenfalls deutlich ausgesprochen werden: v**r**ba, K**r**k.
Die Konsonanten haben immer die gleiche Aussprache: le**d** – Eis (d, nicht t),
bo**g** – Gott (g, nicht k).

AUF EINEN BLICK

Ja./Nein./Vielleicht.	Da./Ne./Možda.
Bitte.	Molim.
Danke.	Hvala.
Gern geschehen.	Vrlo rado.
Entschuldigung!	Oprostite! Pardon!
Wie bitte?	Molim?
Ich verstehe Sie/dich nicht.	Ne razumijem Vas/te.
Ich spreche nur wenig …	Govorim samo malo …
Können Sie mir bitte helfen?	Molim Vas možete li mi pomoći?
Ich möchte …	Htio (Htjela f) bih …
Das gefällt mir (nicht).	To mi se (ne) sviđa.
Haben Sie …?	Imate li …?
Wieviel kostet es?	Koliko stoji (*ugs* košta)?
Wieviel Uhr ist es?	Koliko je sati?

KENNENLERNEN

Guten Morgen!	Dobro jutro!
Guten Tag!	Dobar dan!
Guten Abend!	Dobra večer!
Hallo! Grüß dich!	Halo! (*ugs* Bok!)
Mein Name ist …/ Ich heiße …	Moje ime je …/ Zovem se …
Wie ist Ihr Name, bitte?	Kako Vam je ime, molim?
Wie geht es Ihnen/dir?	Kako ste/si?
Danke. Und Ihnen/dir?	Hvala. A Vi/ti?
Auf Wiedersehen!	Do viđenja!
Tschüs!	Zdravo! (*ugs* Bok!/Adio!)
Bis bald!	Do skorog viđenja!

UNTERWEGS

Auskunft

links/rechts	lijẹvo/desno
geradeaus	ravno
nah/weit	blizu/dalẹko
Bitte, wo ist …?	Molim Vas, gdje je …?
Wie weit ist das?	Kọliko je to dalẹko?
Ich möchte für … Tage/ eine Woche … mieten.	Htio (Htjela f) bih za … dana/jedan tjedan unajmiti …
… einen Wagen	… kola/auto.
… ein Motorrad	… motor/motocịkl.
… ein Motorroller	… skuter/vespu.
… ein Fahrrad	… bicịkl.
Zum Bahnhof.	Na kọlodvor.

Panne

Ich habe eine Panne.	Imam kvar (*ugs* defekt)
Würden Sie mir bitte einen Mechaniker/Abschlepp-wagen schicken?	Molim Vas da li biste mi poslali mehạničara/vučno vọzilo?
Wo ist hier in der Nähe eine Werkstatt?	Gdje ima u blizịni neka radiọnica?

Tankstelle

Wo ist bitte die nächste Tankstelle?	Molim Vas gdje je nạjbliža bẹnzinska stạnica?
Ich möchte … Liter …	Molim … lịtara …
… Normalbenzin.	… ọbičnog benzịna.
… Super.	… sụpera.
… Diesel.	… dịzela.
… bleifrei/verbleit/	… bez ọlova/s ọlovom/
… mit … Oktan.	… od … oktạna.
Volltanken, bitte.	Nạpunite, molim.

Unfall

Hilfe!	Ụ pomoć!
Es ist ein Unfall passiert.	Dogọdila se nẹsreća.
Rufen Sie bitte schnell …	Molim Vas pozọvite brzo …
… einen Krankenwagen.	… vozilo hitne pọmoći.
… die Polizei.	… polịciju.
… die Feuerwehr.	… vatrogạsce.
Haben Sie Verbandszeug?	Ịmate li pribor za previjanje?
Es war meine/Ihre Schuld.	Bila je moja/Vaša krivịca.
Geben Sie mir bitte Ihren Namen und Ihre Anschrift/ Namen und Anschrift Ihrer Versicherung.	Dajte mi, molim Vas, Vaše ime i adrẹsu/ ime i adrẹsu Vašeg osigurạnja.

ESSEN/UNTERHALTUNG

Wo gibt es hier …	Gdje se nạlazi …
ein gutes Restaurant?	neki dobar restọran?
ein gemütliches Gasthaus mit Hausspezialitäten?	kọnoba?
ein nicht zu teures Restaurant?	neki tịpični restọran? neki jeftịniji restọran?
Wo kann man hier in der Nähe gut/preiswert essen?	Gdje se može u blizịni dobro/jẹftino jesti?
Reservieren Sie uns bitte für heute abend einen Tisch für 4 Personen.	Molim Vas rezẹrvirajte nam za večẹras stol za čẹtiri ọsobe.
Auf Ihr/dein Wohl!	Nạ zdravlje!
Bezahlen, bitte.	Plạtiti, molim.
Das Essen war ausgezeichnet.	Jelo je bilo ọdlično.

EINKAUFEN

Wo finde ich …	Gdje mogu naći …?
eine Apotheke	ljẹkarnu, apotẹku
eine Bäckerei	pẹkaru
eine Drogerie	drogẹriju
Fotoartikel	fotopribor
ein Kaufhaus	robnu kuću
ein Lebensmittelgeschäft	tṛgovinu nạmirnicama
einen Markt	tṛžnica

ÜBERNACHTUNG

Können Sie mir bitte … empfehlen?	Molim Vas mọžete li mi preporụčiti …?
… ein gutes Hotel	… dobar hotel?
… eine Pension	… neki penzịon?
Haben Sie noch Zimmer frei?	Ịmate li još slọbodnih soba?
… für eine Nacht	… za jednu noć.
… für eine Woche	… za jedan tjedan.
Ja, was für ein Zimmer wünschen Sie?	Da, kakvu sobu žẹlite?
… ein Einzelzimmer	… jẹdnokrevetnu sobu
… ein Zweibettzimmer	… dvọkrevetnu sobu
… mit Bad	… s kupaọnicom
… mit Blick aufs Meer	… s pọgledom na more
Was kostet das Zimmer mit …	Kọliko stoji/košta soba s …
… Frühstück?	… dọručkom?
… Halbpension?	… pọlupenzịonom?

PRAKTISCHE INFORMATIONEN

Arzt

Können Sie mir einen guten Arzt empfehlen?	Mọžete li mi preporụčiti dobrog lijẹčnika?
Ich habe Fieber.	Ịmam temperatụru.
Ich habe Kopfschmerzen.	Boli me glava.
Ich habe Halsschmerzen.	Boli me grlo.
Ich habe (starke) Zahnschmerzen.	Ịmam (jaku) zubọbolju.

Bank

Wo ist hier bitte …	Molim Vas gdje je tu neka …
… eine Bank?	… banka?
… eine Wechselstube?	… mjẹnjačnica?
Ich möchte … DM (Schilling, Schweizer Franken) in Kuna umwechseln.	Želim promijẹniti marke (šịlinge, švịcarske franke) u kune.

Post

Was kostet …	Kọliko stoji/košta …
… ein Brief …	… pismo …
… eine Postkarte …	… dọpisnica …
nach Deutschland?	za Njẹmačku?

Zahlen

0	nula, nịštica	19	devẹtnaest
1	jedan (jedna *f*, jedno *n*)	20	dvạdeset
2	dva (dvije *f*)	21	dvạdeset jedan
3	tri	22	dvạdeset dva
4	čẹtiri	30	trịdeset
5	pet	40	četrdẹset
6	šest	50	pedẹset
7	sedam	60	šezdẹset
8	osam	70	sedamdẹset
9	devet	80	osamdẹset
10	deset	90	devedẹset
11	jedạnaest	100	sto, stọtina
12	dvạnaest	200	dvjesto, dvjesta
13	trịnaest	1000	tịsuća
14	četṛnaest	2000	dvije tịsuće
15	pẹtnaest	10000	deset tịsuća
16	šẹsnaest		
17	sedạmnaest	1/2	polọvina […]
18	osạmnaest	1/4	četvṛtina […]

Jelovnik

Speisekarte

DỌRUČAK	FRÜHSTÜCK
crna kava	schwarzer Kaffee
bijẹla kava	Kaffee mit Milch
kava bez kofeịna	koffeinfreier Kaffee
čaj s mlijẹkom/lịmunom	Tee mit Milch/Zitrone
kạkao	Kakaogetränk
voćni sok	Fruchtsaft
meko kụhano jaje	weichgekochtes Ei
kạjgana/omlet	Rühreier
jaja sa slạninom	Eier mit Speck
kruh/zẹmička/tost	Brot/Brötchen/Toast
roščić, *(ugs)* kifla	Hörnchen
maslac, *(ugs)* putar	Butter
sir	Käse
kobạsica	Wurst
šunka	Schinken
med	Honig
marmelạda	Marmelade
misli-kaša	Müsli
jogurt	Joghurt
voća	Obst

JUHE/PREDJELA	SUPPEN UND VORSPEISEN
gọveda juha	Fleischbrühe
gulaš-juha	Gulaschsuppe
juha od krụmpira	Kartoffelsuppe
juha od pọvrća	Gemüsesuppe
juha od rajčica	Tomatensuppe
riblja juha	Fischsuppe
hladni pladanj	kalte Platte
hrẹnovke	Frankfurter Würstchen
istarski pršut	istrischer Schinken
kobạsica	Wurst
pečena kobạsica	Bratwürste
šụnkarica	Schinkensalami
tlạčenica	Preßwurst
pẹčurke na žaru	Pilze vom Rost
pụnjene rạjčice	gefüllte Tomaten
sardịne u ulju	Ölsardinen

MESNA JELA	FLEISCHGERICHTE
bečki ọdrezak	Wiener Schnitzel
goveđi gulaš	Rindergulasch
kụhana gọvedina	gekochtes Rindfleisch
ọdojak na ražnju	Spanferkel am Spieß
ombolo	istrisches Kassler
pẹčena jạnjetina	Lammbraten
pịrjana gọvedina	gedünstetes Rindfleisch
pržọlica s lukom	Zwiebelrostbraten
pụnjena tẹleća prsa	gefüllte Kalbsbrust
svinjski kotlet	Schweinekotelett
tẹleće pečẹnje	Kalbsbraten

NARODNA JELA	NATIONALGERICHTE
brodet na dalmạtinski način	Fischragout nach dalmatinischer Art
dalmạtinska pašticạda	mariniertes Rindfleisch dalmatinisch
(istarska) maneštra	istrische Gemüsesuppe
ovčetina na lički način	Hammelfleisch Lika Art
pašta-fažol	Bohnensuppe mit Teigeinlage
pụnjene pạprike	gefüllte Paprikaschoten
rạžnjići	Fleischspießchen vom Grill
sarma od vinovog lišća	Weinblätter mit Hackfleisch
svinjski kotlet na sạmoborski način	Schweinekotelett nach Samobor Art

RIBE I LJUSKARI	FISCHE UND MEERESFRÜCHTE
brancin/lubin	Seebarsch
bakalar	Stockfisch
dagnje	Miesmuscheln
lignja, sipa	Tintenfisch
orada	Goldbrasse
ọstrige	Austern
rak	Krebs
sleđ	Hering
srdẹlica	Sardelle
tuna	Thunfisch
zubatac	Zahnbrasse
dimljen	geräuchert
lešo, kuhan	blau, gesotten
marinịran/pohan	mariniert/paniert
na žaru	vom Rost
pržen	gebraten

PRILOZI	BEILAGEN
fuži	istrische Nudeln
kụhani krumpir	Salzkartoffeln
njoki	Kartoffelklößchen
okrụglice	Knödel
pẹčeni krumpir	Bratkartoffeln
rẹstani krumpir	geröstete Kartoffeln
rezạnci	Nudeln
riža	Reis
špagẹti	Spaghetti
tjestenina	Teigwaren

SALATE	SALATE
krumpir-salạta	Kartoffelsalat
mijẹšana salạta	gemischter Salat
radič	Radicchio
salạta od cikle	Rote-Rüben-Salat
salạta od krạstavaca	Gurkensalat
salạta od rạjčica	Tomatensalat
zẹlena salạta	grüner Salat

JELA OD JAJA	EIERSPEISEN
jaja na oko	Spiegeleier
omlet (*ugs* kạjgana)	Rühreier
kạjgana sa šparogama	Rühreier mit Wildspargel
omlet sa sirom	Omelett mit Käse
poširana jaja	verlorene Eier
tvrdo kụhana jaja	hartgekochte Eier

SIREVI	KÄSE
bijẹli sir	Quark, Topfen
dịmljeni sir	geräucherter Käse
kozji sir	Ziegenkäse
ovčji sir	Schafskäse
trapist	Trappistenkäse

VOĆE	OBST
banạna	Banane
breskva	Pfirsich
grožđe	Weintrauben
jạbuka	Apfel
jạgode	Erdbeeren
marelica (*ugs* kạjsija)	Aprikose
kruška	Birne

limun	Zitrone
nạranča	Apfelsine
ọrasi	Nüsse
smokva	Feige

ZASLADE	NACHSPEISEN
čokolạdna krema	Schokoladencreme
kolač	Kuchen
kompot	Kompott
kroštule	istrisches feines Gebäck
nạbujak od riže	Reisauflauf
puding	Pudding
savijača s jạbukama	Apfelstrudel
voćna salạta	Obstsalat
lẹdena kava	Eiskaffee
slạdoled od jạgoda	Erdbeereis
slạdoled sa šlagom	Eis mit Schlagsahne
voćni sladoled	Fruchteis

karta pića
Getränkekarte

VINO	WEIN
dingač/plavac/ọpolo	dalmatinische Rotweine
malvazija	istrische Weißweinsorte
silvạnac, grạševina, tramịnac	bekannte Weißweine
stolno vino	Tischwein
teran	Rotwein vom Karst
vino u boci	Flaschenwein

ALKOHOLNA BIĆA	ALKOHOLISCHE GETRÄNKE
čaša piva	ein Glas Bier
koktel	Cocktail
konjak	Kognak
maraskino	Likör aus dalmat. Sauerkirschen
rạkija	Schnaps
vinjak	Weinbrand

BEZALKOHOLNA PIĆA	ALKOHOLFREIE GETRÄNKE
jạbučni sok	Apfelsaft
mineralna voda	Mineralwasser
limunạda	Limonade
sok od rạjčica	Tomatensaft